GRILLGUT

RIND

SCHWEIN

GEFLÜGEL

LAMM

FISCH

VEGGIE

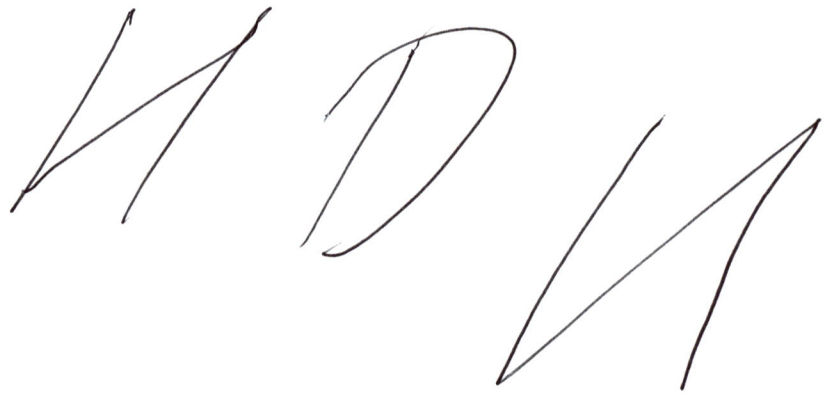

REZEPTE UND TEXTE VON
ANGELO MENTA

GRILLGUT

FOODFOTOS   HUBERTUS SCHÜLER   MOODFOTOS   JUSTYNA KRZYŻANOWSKA

EINFACH GUT

Ich grille einfach gern auf Holzkohlen. Das Vorbereiten des Grills, das Vorglühen und das richtige Verteilen der Kohlen, das kurze Reinigen des heißen Rostes – das alles sind einfache Handgriffe, die bei ein wenig Routine ruhig und automatisch ablaufen, während man das Grillgut vorbereitet. Zugegeben, das Einrichten eines Kohlegrills dauert etwas länger als bei einem Gasgrill, aber ich finde, so viel Zeit muss drin sein, und es lohnt sich. Auf mich wirken diese vertrauten Handgriffe geradezu entspannend. Grillen ist eine gesellige Angelegenheit, denn meistens grillt man nicht für sich allein, sondern für Freunde, Familie oder Gäste. Man will Zeit miteinander verbringen und möchte die natürlich so angenehm wie möglich für alle gestalten – unter freiem Himmel, ganz ohne jede Hast. Sobald die Kohlen glühen und allen der erste würzige Grillduft in die Nase steigt, breitet sich Vorfreude aus. Ob das an dem archaischen Höhlenmenschen in uns liegt, der mit der Horde ums Feuer sitzt und die Jagdbeute brät, sei jetzt mal dahingestellt, aber so etwas Ähnliches wird es wohl sein, das uns so am Grillen fasziniert.

Dieses Buch beschäftigt sich deshalb mit den Holzkohlen, ihrem richtigen Verteilen, dem Einrichten von Temperaturzonen und anderen Tipps zum Umgang mit dem Holzkohlegrill. Aber Besitzer eines Gasgrills muss das nicht abschrecken: Temperaturen, Zeiten und Zutaten in den Rezepten gelten natürlich auch für den Gasgrill.

Mir war es wichtig, ein verlässliches Grundlagenwerk zu schaffen, das auf exotische, schwer erhältliche Zutaten weitgehend verzichtet und Produkte verwendet, die im deutschsprachigen Raum problemlos zu bekommen sind. Auch die saisonale Verfügbarkeit wird dabei berücksichtigt.

EIN REZEPT IST DANN PERFEKT, WENN MAN NICHTS MEHR WEGLASSEN KANN

Von wenigen, etwas anspruchsvolleren Ausnahmen einmal abgesehen, soll dieses Buch eine einfache Grillanleitung sein, die versucht, die mittlerweile sehr komplexen Themen „Grillen" und „Barbecue" auf möglichst anschauliche Weise zu erklären. Ich hoffe, das ist mir gelungen, und wünsche viel Spaß beim Lesen und Ausprobieren!

Angelo Menta

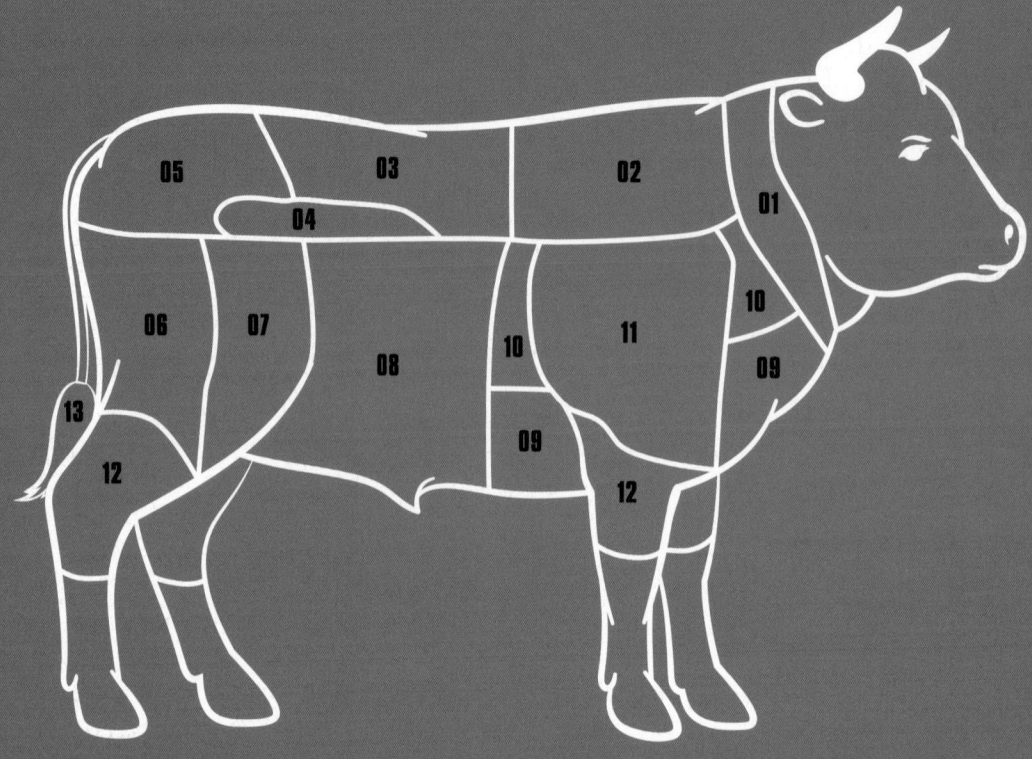

01 KAMM/NACKEN/HALS

02 FEHLRIPPE/HOHE RIPPE

03 HOCHRIPPE/ROASTBEEF

04 FILET

05 HÜFTE/BLUME/TAFELSPITZ

06 KEULE – OBER- UND UNTERSCHALE

07 KEULE – KUGEL/NUSS

08 DÜNNUNG/BAUCH

09 SPANNRIPPE/QUERRIPPE

10 BRUST

11 SCHULTER/BUG/BLATT/VORDERKEULE

12 VORDER- UND HINTERHESSE

13 SCHWANZ

DIE BESTEN
GRILLREZEPTE
MIT
RIND UND KALB

Nicht jedes Stück Fleisch ist gleich gut für jede Art der Zubereitung geeignet. Wer sich beispielsweise mal beim Metzger dachte, dass so eine saftige Beinscheibe sicher ein gutes Steak abgibt, wurde garantiert beim anschließenden Grillen eines Besseren belehrt. Kurz gebraten oder gegrillt sind viele Stücke praktisch ungenießbar, hart und zäh. Langsam gegart, geschmort oder als Barbecue hingegen wird aus diesen Stücken jedoch ein absoluter Gaumenschmaus. Prinzipiell kann man sagen: Je mehr ein Muskel bewegt wurde, desto weniger eignet sich das Fleisch zum Grillen oder Kurzbraten. Allerdings steckt in diesen stark beanspruchten Teilen oft der beste Fleischgeschmack.

KRÄUTER, GEWÜRZE UND ÖLE

Diese Kräuter, Gewürze und Öle passen besonders gut:

- Schnittlauch
- Petersilie
- Estragon
- Thymian
- Minze
- Basilikum
- Majoran
- Salbei
- Lorbeer
- Koriander
- Dill
- Liebstöckel
- Rosmarin

- Knoblauch
- Zitronenschale
- Kümmel
- frischer Pfeffer
- Paprikapulver
- Chili
- Wacholder
- Senf
- Meerrettich
- Olivenöl, Walnussöl, Butter, Butterschmalz

RIND UND KALB

HIER EINE KLEINE ÜBERSICHT ÜBER DIE WICHTIGSTEN TEILSTÜCKE UND IHRE VERWENDUNG:

KAMM/NACKEN/HALS

Gut durchwachsenes, sehniges, fleischiges Stück. Eignet sich zum langsamen Kochen und Schmoren. Ergibt saftigen, weichen Braten.

FEHLRIPPE/HOHE RIPPE

Gut zum Kochen und Schmoren. Optimal für Sauerbraten, Gulasch, Eintöpfe und Stews.

HOCHRIPPE

Teil des Roastbeefs. Von hier stammt das Rib-Eye-Steak bzw. Entrecôte und Côte de Bœuf. Sehr begehrtes Stück, für viele Fleischfreunde das beste Stück vom Rind. Perfekt zum Kurzbraten oder Grillen.

ROASTBEEF

Sehr gut zum Grillen und Kurzbraten. Man unterscheidet zwischen dem hohen Roastbeef, dem vorderen, in die Hochrippe hineinragenden Teil, und dem flachen Roastbeef, dem hinteren Teil, das an der Hüfte endet. Das flache Roastbeef ist fettärmer als das hohe Roastbeef. Aus dem Roastbeef werden alle wichtigen großen Steaks geschnitten, wie Entrecôte, Rib-Eye-, Rump-, T-Bone-, Porterhouse- und Sirloin-Steak. Auch das rohe Carpaccio stammt aus dem flachen Roastbeef, das auch Contrefilet oder Lende genannt wird. Am Stück rosa oder blutig gebraten, wird es zum englischen Klassiker.

FILET

Sehr begehrtes, wertvollstes Stück. Perfekt zum Grillen und Kurzbraten. Wird bei guter Qualität gern auch roh verzehrt. Fettarm und sehr zart.

HÜFTE/BLUME/TAFELSPITZ

Sehr fettarmes Fleisch aus dem oberen Teil der Keule. Von hier stammt das Hüftsteak, das sehr gut zum Grillen und Kurzbraten geeignet ist. Als Ganzes auch zum Schmoren oder Braten geeignet, allerdings dann sehr mager. Aus der Hüfte wird auch der Tafelspitz zubereitet.

KEULE – OBER- UND UNTERSCHALE

Die Keule ist das größte Stück vom Rind und besteht aus mehreren Teilstücken. Aus der Oberschale werden zum Beispiel die großen Rouladen geschnitten, die man natürlich schmoren sollte. Die Unterschale ist weniger feinfaserig als die Oberschale und eignet sich am besten zum Kochen, Schmoren und Braten, für Gulasch und Rouladen. Ein Teilstück der

Unterschale ist die Semerrolle, die sich zum Schmoren und Braten eignet.

KEULE – KUGEL/NUSS

Bei sehr guter Fleischqualität kann man aus der Nuss auch Steaks zum Grillen schneiden. Ansonsten eignet sich das zarte, feinfaserige Fleisch gut für Braten, zum Kurzbraten für Geschnetzeltes und zum Schmoren für Sauerbraten und Ragout. Direkt über der Kugel befindet sich das sehr zarte und begehrte Bürgermeister- oder Pastorenstück, das sich auch zum Kurzbraten oder Grillen eignet.

DÜNNUNG/BAUCH

Hervorragend zum Kochen geeignet, ergibt kräftige Suppen. Aus der Dünnung schneidet man in den USA auch das Flank-Steak. Ein dünnes, sehr leckeres Steak, das sich perfekt zum Grillen eignet.

SPANNRIPPE/QUERRIPPE

Die Spannrippe eignet sich sehr gut als Suppenfleisch. Fleisch aus der Querrippe ist mäßig mit Fett durchwachsen und ist gut zum Schmoren, für Gulasch, Stews und Eintöpfe oder für langsames Smoken im Grill oder Smoker. Aus der Querrippe wird auch das Leiterstück geschnitten, aus dem die Knochen nach dem Kochen oder Smoken ganz leicht herausgezogen werden können.

BRUST

Die Rinderbrust wird in drei Teilstücke unterschieden: Brustspitze, Brustkern und Nachbrust. Rinderbrust gilt als hervorragendes Suppenfleisch, sie eignet sich aber auch hervorragend zum Schmoren oder zum Smoken/Räuchern. Aus dem Brustkern bereitet man in den USA das Beef Brisket zu, das eine sehr lange Zeit – bis zu 20 Stunden – im Smoker verbringen muss, um mürbe und zart zu werden.

SCHULTER/BUG/BLATT/ VORDERKEULE

Im Vergleich zur Hinterkeule ist das Fleisch aus der Schulter magerer, aber auch zäher. Es ist stark von Sehnen durchwachsen und eignet sich deshalb am besten zum Kochen oder Schmoren. Das Mittelbugstück ist die erste Wahl für einen saftigen Sauerbraten. In der Schulter versteckt sich auch das falsche Filet, das zwar so ähnlich aussieht wie das echte Filet, sich aber gar nicht zum Grillen oder Kurzbraten eignet. Das falsche Filet lässt sich gut kochen und schmoren und ist nicht zu verwechseln mit dem flachen Filet. Dieses auch Metzgerstück genannte Teil versteckt sich im dicken Bugstück und ist meist nur auf Vorbestellung beim Metzger erhältlich. Das Metzgerstück ist langfaserig und zart, wiegt etwa 300 g und ist hervorragend zum Grillen und Kurzbraten geeignet.

VORDER- UND HINTERHESSE

Die Rinderhesse muss man lange schmoren, um sie weich zu bekommen. Dafür belohnt sie uns jedoch mit einem kräftigen Fleischgeschmack und einem richtig tollen Bratensatz. Aus der Hesse des Kalbs wird übrigens das berühmte Ossobuco zubereitet.

SCHWANZ

Wird zumeist für die Zubereitung einer Ochsenschwanzsuppe verwendet. Obwohl es Ochsenschwanz heißt, macht der Handel keinen Unterschied bei der Herkunft von männlichen oder weiblichen Tieren. Der Ochenschwanz hat einen sehr kräftigen Geschmack und ist auch sehr gut zur Herstellung eines dunklen Fonds geeignet.

DAS PERFEKTE
STEAK

Wie man ein Rindersteak richtig zart und saftig grillt, wird immer wieder gern gefragt. Dazu hier ein paar Tipps:

FLEISCHQUALITÄT

Dieser Tipp steht nicht umsonst am Anfang, denn das wichtigste Kriterium für ein gutes Steak ist gutes Fleisch. Das Rindfleisch für das Steak sollte mindestens zwölf Tage, besser länger abgehangen sein. Beim Abhängen (Reifen) werden Enzyme frei, die langsam die Faserstrukturen des Muskelfleisches zerstören. Das ist gewollt und macht das Fleisch mürbe und zart.

Man unterscheidet Trocken- und Nassreifung. Bei der Trockenreifung hängt das Fleisch in großen Stücken mit Knochen oder als Rinderhälfte in einem etwa 2 °C kühlen, gut durchlüfteten Raum bei etwa 85 Prozent Luftfeuchte. Je länger das Fleisch reift, desto zarter wird es – die Reifung von Rindfleisch kann mehrere Wochen dauern. Diese Methode, die bis etwa in die 1960er-Jahre beim guten Metzger das Normalste der Welt war, wird heutzutage **Dry Aging** genannt und hat leider auch ihren Preis.

Beim Nassreifen oder **Wet Aging** wird das schlachtfrische Fleisch ohne Knochen direkt für den Versand vakuumiert und reift während des Transports im Vakuumbeutel.

Das Fleisch reift im eigenen Saft und entwickelt einen leicht säuerlichen Geschmack. Der überwiegende Teil des im Handel befindlichen Fleisches ist nassgereift. Beide Reifemethoden bescheren uns, fachmännisch angewandt, ein zartes Stück Fleisch. Für welche Methode man sich beim Kauf entscheidet, hängt allein vom persönlichen Geschmack und vom Geldbeutel ab.

MARMORIERUNG

Damit ist der Anteil an intramuskulärem Fett gemeint, also das Fett, das sich als feine Äderchen oder auch völlig unsichtbar durch das Muskelfleisch zieht. Denn auch völlig mager erscheinende Stücke haben intramuskuläres Fett. Wird dieses Fett als Fleischmaserung sichtbar, spricht man von Marmorierung. Je stärker ein Steak marmoriert ist, desto saftiger und aromatischer wird es sein.

WELCHES STÜCK?

Fast alle zum Grillen geeigneten Steaks stammen aus dem Rinderrücken. Einige sehr leckere Stücke kommen auch aus anderen Teilen des Tieres, zum Beispiel das **Flank-Steak** aus dem Bauchlappen, das **Skirt-Steak** (Kronfleisch) aus dem Zwerchfell, das **Bürgermeisterstück** aus der Keule/Kugel und das **Metzgerstück** aus der Schulter, um nur einige zu nennen.

14

ZUBEREITUNG

Was wir von einem Steak haben wollen, ist eine leckere Kruste und ein – je nach Geschmack – rohes, halbrohes oder rosafarbenes Inneres. Dieses Ergebnis erreicht man nur mit hohen Temperaturen – je dünner ein Steak ist, desto heißer muss der Grill sein. Ist die Temperatur zu niedrig, gart das Fleisch komplett durch, bevor eine Kruste entsteht.

Hat man hingegen ein sehr dickes Stück vor sich, beispielsweise ein 500-g-Porterhouse-Steak von 4 cm Dicke, darf der Grill nicht zu heiß sein, weil das Fleisch, bevor es innen einigermaßen gar ist, außen verbrannt sein wird. Für normale Steaks von ca. 2,5–3 cm Dicke empfehle ich eine Temperatur von etwa 300 °C. Mehr dazu auf Seite 16 (Rumpsteak).

Hier eine kurze Liste der beliebtesten Steaks:

- **RIB-EYE-STEAK/ENTRECÔTE:** aus der Hochrippe, gut durchwachsen, zart, mit typischem Fettauge
- **RUMPSTEAK:** wird aus dem Roastbeef geschnitten, relativ zart und mager, mit Fettrand
- **FILETSTEAK:** das edelste Stück, sehr zart und mager, fein im Geschmack, im Idealfall schön marmoriert
- **T-BONE-STEAK:** aus dem hinteren Rücken, sehr großes Steak, besteht aus einem Stück Roastbeef/Rumpsteak und einem Stück Filet, getrennt durch einen T-förmigen Knochen
- **PORTERHOUSE-STEAK:** wie T-Bone-Steak, aber mit größerem Filetanteil
- **HÜFTSTEAK:** ähnlich wie Rumpsteak, aber magerer und ohne Fettrand

RUHEN LASSEN

Ein sehr wichtiger Punkt auf dem Weg zum guten Steak, mit dem Ziel, möglichst viel guten Fleischsaft im Steak zu halten und es somit saftiger und zarter zu bekommen, ist das Ruhenlassen. Nimmt man nämlich ein Steak direkt vom Grill und schneidet es an, läuft mehr Fleischsaft aus als bei einem Steak, das eine Weile ruhen durfte.

Warum das so ist, wird von Grillprofis und Wissenschaftlern bis heute kontrovers diskutiert – und die Erklärungen sind vielfältig. Uneinigkeit herrscht auch darüber, wie man ein Steak ruhen zu lassen hat. So wird gern empfohlen, das Steak nach dem Grillen in Alufolie zu wickeln und an einen warmen Ort zu legen. Von der Alufolie möchte ich eher abraten, weil die dampfige Atmosphäre im Folienpaket unsere schöne Kruste wieder zerstören würde. Ist aber wie so vieles Geschmackssache – und wer keine andere Möglichkeit hat, soll das ruhig so machen.

Der warme Ort ist hingegen goldrichtig, weil ein Steak, das 5 Minuten einfach auf einem Teller liegt, doch ziemlich kalt ist. Ideal wäre ein Backofen, dessen Temperatur

etwa der angestrebten Kerntemperatur des Steaks entspricht. Hier würde man dann das Steak direkt auf den warmen Rost legen, bis die gewünschte Kerntemperatur erreicht ist. Ein Teller unter dem Rost fängt den herabtropfenden Fleischsaft auf und der Ofen bleibt sauber. Leider ist ein Backofen nicht immer zur Hand – und die Temperatur auf der indirekten Seite des Grills ist meistens zu hoch.

Eine tolle Möglichkeit, Steaks angemessen ruhen zu lassen, bietet eine Grilltonne oder ein ausgedienter alter Grill mit Haube. Um die geringe Temperatur von ca. 60 °C zu erzeugen, genügen vier bis fünf Holzkohlebriketts – und die Steaks kommen ausgeruht, saftig und heiß auf die Teller. Mehr dazu auf Seite 319 („Der Zweitgrill").

Wichtig zu wissen ist auch, dass die Kerntemperatur des Steaks während des Ruhens noch um 2 bis 3 °C steigt, weil die Hitze von der gerösteten Kruste langsam in das Innere des Steaks wandert. Deshalb sollte man das Steak rechtzeitig vom Grill nehmen, um es nicht zu übergaren.

Rumpsteak pur

AUCH STRIPLOIN-STEAK, ROASTBEEF-STEAK,
LENDENSTEAK, BEIRIED

INFOS

GRILL	Kugelgrill, einfacher Gartengrill, Gasgrill, Elektrogrill
KOHLEN	Holzkohle
TEMPERATUR	direkte hohe Hitze, ca. 260–290 °C
KERNTEMPERATUR	medium 55 °C
VORBEREITUNGSZEIT	1–2 Stunden zum Temperieren
ZUBEREITUNGSZEIT	5 Minuten
GRILLZEIT	8 Minuten
RUHEZEIT	5 Minuten
WERKZEUGE	Zweitgrill bzw. Grilltonne

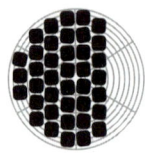

Rumpsteak pur

FÜR 1 PORTION

---

1 Rumpsteak, ca. 300–350 g
   und 2,5–3 cm dick
Meersalz
schwarzer Pfeffer aus der Mühle
einige Tropfen gutes Olivenöl oder
   zerlassene Butter

1 Steak aus dem Kühlschrank nehmen und 1–2 Stunden Zimmertemperatur annehmen lassen. **2** Den Grill für direkte hohe Hitze vorbereiten. **3** Das Steak 30 Minuten vor dem Grillen salzen und gut pfeffern. Das Steak von beiden Seiten jeweils 3–4 Minuten direkt heiß grillen. Erst wenden, wenn es sich vom Rost lösen lässt, ohne anzuhaften. Mehrmaliges Wenden ist kein Problem, die Kruste darf gern etwas dunkler sein. (Dünnere Steaks kürzer grillen.) Wenn eine schöne Kruste entstanden ist, das Steak 5 Minuten an einem warmen Ort ruhen lassen, beispielsweise auf einem Zweitgrill oder in einer Grilltonne. Mit etwas gutem Olivenöl oder zerlassener Butter beträufeln und – wenn möglich – auf angewärmten Tellern servieren.

INFO

//

So mancher hat sicher schon einmal versucht, zu Hause ein Rumpsteak ordentlich zu braten, und war dann vom Ergebnis eher enttäuscht. Trocken und zäh, irgendwie gar nicht so wie neulich im Steakhaus, wo das doch noch so lecker war. Woran liegt das? Zuerst gilt für das Rumpsteak natürlich das Gleiche wie für alle anderen Steaks auch: Die Qualität muss stimmen. Ein gutes Rumpsteak ist dunkelrot, schön marmoriert, also mit feinen Fettäderchen durchzogen, hat einen weißen Fettrand, sollte 2,5–3 cm dick und mindestens zwölf Tage – besser länger – abgehangen bzw. gereift sein. Dennoch sollte man wissen, dass ein Rumpsteak immer etwas fester ist als beispielsweise ein Entrecôte oder Rib-Eye-Steak. Aufzucht, Futter, Haltung, Schlachtung und auch Kühlung haben einen großen Anteil an der Qualität des Fleisches. Dass Fleisch von einem guten Metzger diese Voraussetzungen eher erfüllt als solches vom Discounter, ist sehr wahrscheinlich. Bei der Zubereitung gilt: Das Fleisch rechtzeitig aus dem Kühlschrank nehmen, etwa 1–2 Stunden vor dem Grillen. Kaltes Fleisch gart ungleichmäßig, weil es innen erst erwärmt werden muss. Bis es dann den gewünschten Gargrad erreicht hat, kann es außen schon verbrannt sein. 30 Minuten vor dem Grillen salzen und gut pfeffern – dadurch entsteht später eine leckere Kruste. Keine Angst, das Fleisch trocknet nicht aus, wenn man es vorher salzt, dafür ist die Zeit viel zu kurz. Und dann: heiß grillen, bis eine schöne Kruste entstanden ist. Erst wenden, wenn sich das Fleisch vom Rost lösen lässt, ohne anzuhaften. Und zum Schluss 5 Minuten ruhen lassen und dann noch etwas frisches Olivenöl oder auch zerlassene Butter über das Steak träufeln.

//

TIPP Das Rumpsteak ist eines der beliebtesten Steaks überhaupt. Schneidet man das Fleisch von beiden Seiten des Knochens eines T-Bone- oder Porterhouse-Steaks, erhält man ein Stück Filet und ein Rumpsteak. Rumpsteak wird in der Regel aus dem Roastbeef geschnitten, kommt zuweilen aber auch aus der Hüfte geschnitten in den Handel. Streng genommen handelt es sich dann nicht um Rumpsteak, weil die Hüfte nicht mehr zum Rücken gehört, sondern zur Keule. Hüftsteaks haben einen geringeren Fettanteil und praktisch keinen Fettrand. Sie sind auch sehr lecker (mehr dazu auf Seite 44)!

INFOS

GRILL	Kugelgrill, einfacher Gartengrill	**WERKZEUGE**	
KOHLEN	Holzkohle	Pfanne	
TEMPERATUR	direkte hohe Hitze, ca. 260–290 °C	eventuell Grilltonne	
KERNTEMPERATUR	blutig 50 °C, rosa 53 °C, medium 55–58 °C	oder Zweitgrill	
VORBEREITUNGSZEIT	2 Stunden Marinierzeit		
ZUBEREITUNGSZEIT	15 Minuten		
GRILLZEIT	8–10 Minuten		
RUHEZEIT	5 Minuten		

Rinderfilet mit gerösteten Cognacpflaumen

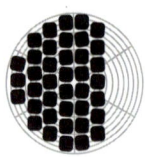

Rinderfilet mit gerösteten Cognacpflaumen

FÜR 4 PORTIONEN

Cognacpflaumen

250 g Pflaumen

½ TL gemahlener Zimt

1 EL brauner Zucker

100 ml Cognac

Rinderfilet

4 Rinderfiletsteaks à ca. 200 g

Olivenöl

Meersalz

schwarzer Pfeffer aus der Mühle

gehackte Petersilie zum Anrichten

❶ Cognacpflaumen Pflaumen waschen, entkernen und vierteln. Pflaumen, Zimt, Zucker und Cognac in eine flache Schüssel geben und 2 Stunden ziehen lassen. Währenddessen ab und zu umrühren.

❷ Rinderfilet Den Grill für direkte hohe Hitze vorbereiten und auf 260–290 °C vorheizen. Steaks aus dem Kühlschrank nehmen und 1 Stunde Zimmertemperatur annehmen lassen. Anschließend leicht einölen, gut salzen und pfeffern. Die Rinderfilets jeweils pro Seite 4 Minuten direkt heiß grillen. Es soll eine leckere Kruste entstehen, ohne dass das Steak komplett durchgegart wird. Das geht aber nur mit hoher Hitze – deshalb wann immer möglich den Grilldeckel schließen. Dann die Steaks an einem warmen Ort 5 Minuten ruhen lassen (zum Beispiel in der Grilltonne oder auf dem Zweitgrill).

❸ Eine Pfanne über der Glut aufheizen. Pflaumen abtropfen lassen, in die Pfanne geben, anrösten und flambieren. Die Steaks mit etwas Olivenöl beträufeln und mit gehackter Petersilie bestreuen. Die Pflaumen daneben anrichten.

INFO

//

Das Rinderfilet ist allgemein als das edelste Stück vom Rind bekannt. Es liegt unterhalb des Roastbeefs im hinteren Rücken. Da es sich beim Filet um kaum beanspruchtes Muskelfleisch handelt, ist es unglaublich zart. Sein Geschmack ist feiner und nicht so intensiv wie beispielsweise das Entrecôte, Rib-Eye-Steak oder Rumpsteak, dafür aber fettarm. Kurz und sehr heiß angeröstet, passen Pflaumen mit ihrem fruchtig-säuerlichen Geschmack hervorragend zum saftigen Rinderfilet. Zwischen Juli und Oktober werden einheimische Pflaumen geerntet.

//

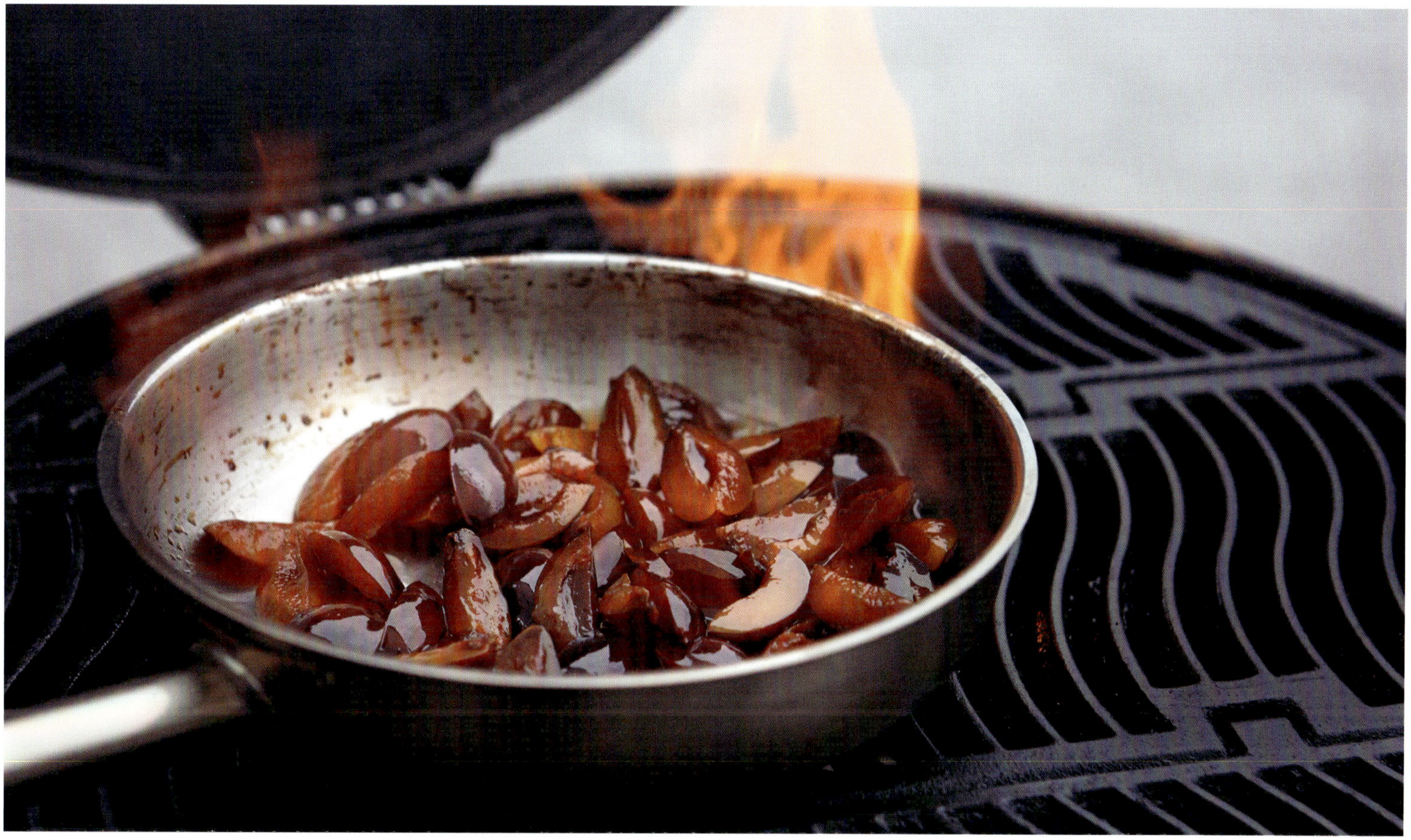
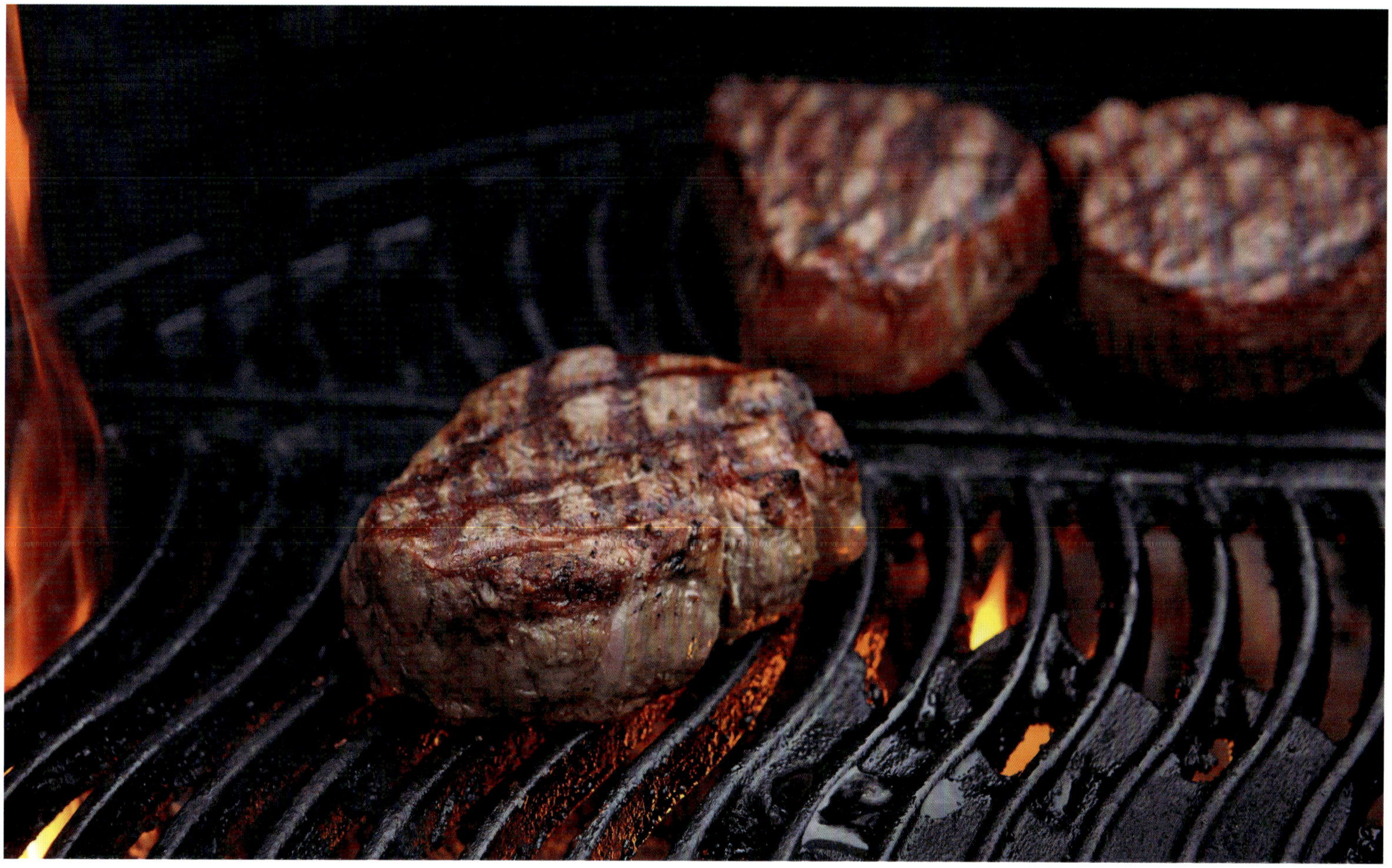

Gegrilltes Kronfleisch

INFOS

GRILL	Kugelgrill, einfacher Gartengrill
KOHLEN	Holzkohle, Holzkohlebriketts
TEMPERATUR	direkte sehr hohe Hitze, gern 300 °C und mehr
KERNTEMPERATUR	55 °C
ZUBEREITUNGSZEIT	15 Minuten
GRILLZEIT	4 Minuten
RUHEZEIT	3 Minuten

WERKZEUGE

scharfes Messer
Schneidebrett
eventuell Grilltonne
oder Zweitgrill

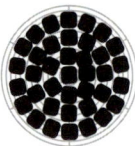

Gegrilltes Kronfleisch

FÜR 4–6 PORTIONEN

---

1 kg Kronfleisch, ca. 1,5 cm dick
Meersalz
schwarzer Pfeffer aus der Mühle
Olivenöl

① Den Grill für direkte sehr hohe Hitze vorbereiten und auf 300 °C – oder auch höher – 20 Minuten aufheizen. **②** Das **Kronfleisch,** wenn nicht schon vom Metzger erledigt, gründlich parieren, das heißt, von Silberhäutchen und Sehnen befreien. Anschließend das Fleisch gut **salzen** und **pfeffern** und dünn mit **Olivenöl** einreiben. Das Kronfleisch auf den sehr heißen Rost legen und pro Seite jeweils ca. 2 Minuten direkt heiß grillen. Dann an einem warmen Ort 3 Minuten ruhen lassen (zum Beispiel in der Grilltonne oder auf dem Zweitgrill) und sofort servieren.

INFO

//

Kronfleisch, auch Thin Skirt, Hampe oder Saumfleisch genannt, bildet zusammen mit den Nierenzapfen das Zwerchfell des Rindes. Außer in Bayern und Österreich, wo Kronfleisch in der Regel kurz in Brühe gegart oder auch länger geschmort wird, zählt es zu den eher unbekannten Teilstücken des Rindes und landet meist in der Wurst. Es gehört nicht zu den zartesten Teilen des Rindes, aber mit Sicherheit zu den schmackhaftesten. In Amerika bereitet man aus dem Kronfleisch das sehr beliebte Skirt-Steak zu, in Südamerika ist es ein unverzichtbares Stück für das klassische Churrasco. Da das Kronfleisch je nach Größe des Tieres unterschiedlich dick ausfallen kann, ist es schwierig, eine genaue Zeit zum Grillen zu nennen. Die wichtigste Regel: auf keinen Fall durchbraten, da es dadurch sehr zäh wird. Deshalb benötigen wir auch die hohe Hitze, die uns eine schöne Kruste beschert, ohne es ganz durchzugaren. Man kann Kronfleisch natürlich auch marinieren, zum Beispiel in einer würzigen Teriyakimarinade (Seite 304).

//

Smoked Manzo trottato mit geröstetem Knoblauchbrot

INFOS

GRILL	Kugelgrill
KOHLEN	Holzkohle, Holzkohlebriketts
TEMPERATUR	indirekte mittlere bis niedrige Hitze, ca. 150 °C
KERNTEMPERATUR	blutig 50 °C, rosa 53 °C, medium 58 °C
VORBEREITUNGSZEIT	2 Stunden zum Temperieren
ZUBEREITUNGSZEIT	40 Minuten
GRILLZEIT	1 Stunde 10 Minuten
RUHEZEIT	4 Stunden

WERKZEUGE

2 Kohlekörbe

ein paar Stücke trockenes
Buchenholz

Fleischthermometer

Alufolie

Becherglas zum Mixen

Stab- oder Standmixer

großes Schneidebrett

scharfes Kochmesser

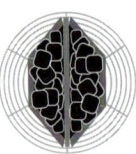

Smoked Manzo trottato mit geröstetem Knoblauchbrot

FÜR 4–6 PORTIONEN

Roastbeef

1 Stück Roastbeef, ca. 1,5 kg
   (alternativ auch Rinderbraten aus
   der Oberschale oder Keule)
Olivenöl
Meersalz
schwarzer Pfeffer aus der Mühle
Kapern zum Anrichten
gehackte Petersilie zum Anrichten
½ in dünne Scheiben geschnittene
   Zitrone zum Anrichten

Sauce

2 Eigelb
½ TL scharfer Senf
Saft von ½ Zitrone
200 ml Sonnenblumen-
   oder Olivenöl
200 g geräuchertes Forellenfilet
4 Sardellenfilets
50 g abgetropfte Kapern
ca. 50 ml Rinder- oder Kalbsfond
weißer Pfeffer aus der Mühle

Knoblauchbrot

8–10 Scheiben Brot (auch
   gern altbacken)
2 Knoblauchzehen

---

❶ **Roastbeef** Das Roastbeef parieren und anschließend etwa 2 Stunden Zimmertemperatur annehmen lassen. Den Grill für indirekte mittlere Hitze vorbereiten. Hierzu zunächst zwei Kohlekörbe mit vorgeglühten Kohlen füllen und in der Mitte des Grills platzieren. ❷ Das Roastbeef dünn mit Olivenöl einreiben, salzen und pfeffern. Das Fleisch direkt etwa 10 Minuten von allen Seiten über den beiden Kohlekörben heiß anbraten. Dann einen Kohlekorb herausnehmen, den anderen an den Rand schieben, um die Hitze auf eine Temperatur von ca. 150 °C zu senken. Eine Tropfschale auf den Kohlerost legen, das Fleisch auf die indirekte Seite über die Tropfschale legen, ein paar Stücke trockenes Buchenholz auf die Kohlen im Kohlekorb legen, den Grill schließen und das Roastbeef ca. 1 Stunde bis etwa 4 °C unter dem gewünschten Gargrad garen. Will man also ein medium gegartes Roastbeef mit einer Kerntemperatur von 58 °C haben, sollte man das Fleisch bei 54 °C vom Grill nehmen, abgedeckt vollständig auskühlen lassen und in Alufolie gewickelt kühl stellen. ❸ **Sauce** Für die Sauce Eigelbe, Senf und Zitronensaft in ein Becherglas geben und mit dem Stabmixer mixen. Das Öl zunächst tropfenweise zugeben, bis die Sauce etwas eindickt. Dann nach und nach in kleinen Mengen den Rest des Öls hinzufügen und weitermixen, bis eine feste Mayonnaise entstanden ist. Forellenfilets, Sardellenfilets und Kapern dazugeben und gründlich untermixen. So viel Rinderfond hinzufügen, bis eine halbfeste Sauce entstanden ist. Die Sauce mit Pfeffer abschmecken. ❹ Das Roastbeef so dünn wie möglich aufschneiden. Das geht am besten, wenn es direkt aus dem Kühlschrank kommt. Pro Person fünf bis sechs dünne Scheiben auf einen flachen Teller geben, mit der Sauce übergießen und mit Kapern, Petersilie und Zitronenscheiben dekorieren. ❺ **Knoblauchbrot** Die Brotscheiben auf dem Grill rösten, bis sie ein deutliches Muster haben und schön knusprig sind. Die Knoblauchzehen halbieren, die gerösteten Brotscheiben einseitig damit einreiben und zum Manzo trottato reichen.

INFO

//

Dieses Rezept ist eine Variation vom allseits beliebten und bekannten Vitello tonnato. Das ist
Italienisch und bedeutet „Kalbfleisch mit Thunfisch". Da der Thunfisch leider gnadenlos überfischt ist,
weichen wir bei diesem Rezept auf die leckere heimische Forelle aus. Das Kalb ist zwar nicht überfischt, aber der würzig-kräftige Geschmack von angeräuchertem Rindfleisch passt ausgesprochen gut zur
Forelle. Auf Italienisch wird dann aus Rindfleisch „Manzo" und aus Forelle „Trotta".

//

T-Bone-Steak, Porterhouse-Steak

INFOS

GRILL	Kugelgrill	**WERKZEUGE**	
KOHLEN	Holzkohle, Holzkohlebriketts	scharfes Messer	
TEMPERATUR	direkte und indirekte mittlere Hitze, ca. 220 °C	Pinsel zum Bestreichen	
KERNTEMPERATUR	medium 55 °C	Fleischthermometer	
VORBEREITUNGSZEIT	1 Stunde zum Temperieren	Zweitgrill bzw. Grilltonne	
ZUBEREITUNGSZEIT	10 Minuten		
GRILLZEIT	20 Minuten		
RUHEZEIT	5 Minuten		

T-Bone-Steak, Porterhouse-Steak

FÜR 1–2 PORTIONEN

1 T-Bone-Steak oder Porterhouse-
 Steak, ca. 400–600 g und
 3–4 cm dick
einige Tropfen Olivenöl
Meersalz
bunter Pfeffer aus der Mühle

1 Das Steak mindestens 1 Stunde vor dem Grillen aus dem Kühlschrank nehmen. Dann 30 Minuten vor dem Grillen dünn mit Olivenöl bestreichen, salzen und großzügig pfeffern. **2** Den Grill für indirekte hohe Hitze vorbereiten und Dreiviertel des Kohlerostes mit glühenden Kohlen belegen. Wenn der Grill heiß ist, das Steak 6–8 Minuten direkt heiß grillen. Dabei alle 2 Minuten wenden, bis eine schöne Kruste entstanden ist. Währenddessen die Haube des Grills immer wieder schließen. Während der letzten 3 Minuten den Filetteil des Steaks auf die indirekte Seite ziehen. Dann das Steak komplett auf die Seite ohne Kohlen legen und bei geschlossenem Deckel fertig garen, bis die Kerntemperatur 55 °C beträgt. Währenddessen einmal wenden. **3** Das Steak 5 Minuten an einer warmen Stelle ruhen lassen, beispielsweise auf einem Zweitgrill oder in einer Grilltonne. Zum Servieren das Steak entweder komplett lassen oder die Fleischteile vom Knochen schneiden, in etwa fingerdicke Stücke zerteilen und wieder an den Knochen legen. Mit Olivenöl beträufeln und servieren.

INFO

//

Beide Steaks werden aus dem hinteren Rücken, dem flachen Roastbeef, am Übergang zur Hüfte geschnitten und sind ganz schön dicke Dinger! Die Unterschiede zwischen den Bezeichnungen liegen nur in der Größe und im Filetanteil. Sowohl das T-Bone-Steak als auch das Porterhouse-Steak verfügt über zwei Sorten Fleisch zwischen dem T-förmigen Knochen – auf einer Seite ein größeres Stück Roastbeef bzw. Rumpsteak, auf der anderen Seite ein kleineres Stück Filet. Der Filetanteil des Porterhouse-Steaks ist größer als der des T-Bone-Steaks, zudem ist das Filet auch insgesamt größer und dicker und kann schon mal 1,3 kg auf die Waage bringen.

//

TIPP So dicke Steaks mit zwei Sorten Fleisch wollen anders behandelt werden als beispielsweise ein Rumpsteak oder Entrecôte. Werden sie einfach nur heiß auf beiden Seiten gegrillt, sind sie innen noch roh. Deshalb sollte man es mit der direkten Hitze nicht übertreiben und die Steaks nach dem Anbraten über indirekter Hitze bei geschlossenem Deckel zu Ende garen. Der Deckel sollte, außer beim Wenden natürlich, immer geschlossen sein. Ein Fleischthermometer leistet hier mal wieder wertvolle Dienste. Das Steak sollte in Bewegung bleiben und alle 2 Minuten gewendet werden, bis es eine schöne Kruste hat. Da das Filet schneller gar ist als das Roastbeef, belegen wir für T-Bone- und Porterhouse-Steak den Kohlerost nur zur Hälfte. Auf diese Art und Weise kann man das ganze Steak zuerst heiß angrillen und gegen Ende des Anbratens mit dem Filetteil über die niedrigere Hitze ziehen.

INFOS

GRILL	Kugelgrill, Smoker	**WERKZEUGE**	
KOHLEN	Holzkohle, Holzkohlebriketts	scharfes Messer	
TEMPERATUR	direkte und indirekte mittlere bis niedrige Hitze, ca. 150 °C	2 Kohlekörbe	
KERNTEMPERATUR	blutig 50 °C, rosa 53 °C, medium 58 °C	Tropfschale	
VORBEREITUNGSZEIT	2 Stunden zum Temperieren	ein paar Stücke trockenes Buchenholz	
ZUBEREITUNGSZEIT	10 Minuten	Fleischthermometer	
GRILLZEIT	1 Stunde 10 Minuten	Alufolie	
RUHEZEIT	10 Minuten	großes Schneidebrett	

Smoked Roastbeef

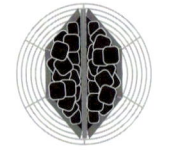

Smoked Roastbeef

FÜR 10–12 PORTIONEN

---

1 Stück Roastbeef, ca. 2,5 kg
Olivenöl
Meersalz
schwarzer Pfeffer aus der Mühle

❶ Das Roastbeef hat, wenn es nicht schon vom Metzger pariert wurde, eine dicke Fettschicht, die man je nach Geschmack zumindest teilweise entfernen sollte. Doch nicht zu viel wegschneiden, denn das Fett schützt das Fleisch vor dem Austrocknen und viele Menschen lieben den Geschmack von kross gebratenem Fett. Empfehlenswert ist eine verbleibende Fettschicht von ca. 5 mm Dicke. Das Parieren geht einfacher, wenn das Fleisch unmittelbar aus der Kühlung kommt und das Fett noch kalt ist. Dann das Roastbeef etwa 2 Stunden Zimmertemperatur annehmen lassen. **❷** Den Grill für indirekte mittlere Hitze vorbereiten. Dafür zunächst zwei Kohlekörbe mit vorgeglühten Kohlen füllen und in der Mitte des Grills platzieren. Das Roastbeef dünn mit Olivenöl einreiben, salzen und pfeffern. Dann das Fleisch direkt etwa 10 Minuten von allen Seiten über den beiden Kohlekörben heiß anbraten. Dann einen Kohlekorb herausnehmen, den anderen an den Rand schieben, um die Hitze auf eine Temperatur von ca. 150 °C zu senken. Eine Tropfschale auf den Kohlerost legen, das Fleisch auf die indirekte Seite über die Tropfschale legen, ein paar Stücke trockenes Buchenholz auf die Kohlen im Kohlekorb legen, den Grill schließen und das Roastbeef ca. 1 Stunde bis etwa 4 °C unter dem gewünschten Gargrad garen. Will man also ein medium gegartes Roastbeef mit einer Kerntemperatur von 58 °C haben, sollte man das Fleisch bei 54 °C vom Grill nehmen und 10 Minuten in Alufolie ruhen lassen. Das Roastbeef gart noch nach und wird nach 10 Minuten perfekt sein. **❸** Das Roastbeef dünn mit einem sehr scharfen Messer aufschneiden und zum Beispiel mit Schnittlauchcreme (Seite 287) anrichten. Dazu passen Rosmarinkartoffeln, karamellisierte Karotten, grüne Bohnen, gebratene Zwiebeln oder einfach nur frisches Weißbrot.

INFO

//

Das Roastbeef wird aus dem mittleren Teil des Rinderrückens geschnitten und liegt zwischen der Hochrippe und der Hüfte (Blume). Für hochwertige, gut marmorierte Stücke verwendet man gern das Fleisch von weiblichen Rindern oder auch Ochsen. Unterhalb des Roastbeefs, auf der Innenseite der Lendenwirbel, befindet sich das Filetstück. Viele hochklassige Steaks werden aus dem Roastbeef geschnitten: das Entrecôte, das Rumpsteak, das T-Bone- und das Porterhouse-Steak mit Filetanteil und das Sirloin-Steak. Man unterscheidet zwischen dem hohen Roastbeef aus dem vorderen Teil des Rückens und dem flachen Roastbeef aus dem hinteren Teil, das auch Rostbraten, Contrefilet, Zwischenrippenstück oder Lende genannt wird. Natürlich kann man das Roastbeef nach diesem Rezept auch zubereiten, ohne es zu räuchern.

//

Rib-Eye-Steak

INFOS

GRILL	Kugelgrill, einfacher Gartengrill
KOHLEN	Holzkohle
TEMPERATUR	direkte hohe Hitze, ca. 280 °C und mehr
KERNTEMPERATUR	medium-raw 50–52 °C, medium 55 °C
VORBEREITUNGSZEIT	1 Stunde zum Temperieren
ZUBEREITUNGSZEIT	10 Minuten
GRILLZEIT	4–8 Minuten
RUHEZEIT	5 Minuten

WERKZEUGE

eventuell Grilltonne
oder Zweitgrill
Drahtbürste

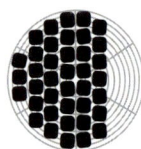

Rib-Eye-Steak

FÜR 1 PORTION

---

1 Rib-Eye-Steak, ca. 200–250 g
    und 2,5–3 cm dick
einige Tropfen gutes Olivenöl
Meersalz
grober Pfeffer aus der Mühle
1 Thymianzweig

INFO

///

Das Rib-Eye-Steak, auch Entrecôte oder Zwischenrippenstück
genannt, stammt aus dem vorderen Teil des Rinderrückens,
der hohen Rippe, und kommt
üblicherweise ausgelöst, das
heißt ohne Knochen, in den
Handel. (Mit Knochen wird es
zum Tomahawk-Steak, da es in
seiner Form dem indianischen
Beil ähnelt.) Charakteristisch
für das Rib-Eye-Steak ist das
gut sichtbare Fettauge. Als
Grillsteak zählt es wegen
seiner Zartheit, der schönen
Marmorierung und des würzig-
feinen Geschmacks zu den
beliebtesten Stücken überhaupt.

///

1 Das Steak 1 Stunde vor dem Grillen aus dem Kühlschrank nehmen. Zu kaltes Fleisch gart ungleichmäßig, da es innen erst erwärmt werden muss. 30 Minuten vor dem Grillen das Steak mit einigen Tropfen Olivenöl sparsam einreiben. (Überschüssiges Öl tropft in die Kohlen und es entstehen rußige Flammen, die das Steak verbrennen können.) Dann das Steak mit Salz und großzügig mit grobem Pfeffer einreiben. Das Salz wird das Fleisch nicht austrocknen, dafür ist die Zeit viel zu kurz, vielmehr bildet sich durch die entstehenden Säfte eine leckere Kruste. Die wollen wir haben! **2** Den Grill für direktes Grillen vorbereiten und auf 280 °C (und mehr) vorheizen. Hierfür etwa ein Viertel des Kohlerostes frei lassen, um das Steak bei Flammenbildung dorthin ziehen zu können. Wenn der Grill heiß ist, den Grillrost mit der Drahtbürste reinigen. Dann das Steak auf den heißen Rost legen, dabei zuvor überlegen, an welche Stelle auf dem Rost, da es bis zum Wenden nicht bewegt werden sollte. Bewegt man das Fleisch zu früh, bleibt es am Rost hängen und reißt ein. Nach etwa 2 Minuten sollte sich das Fleisch vom Rost leicht lösen lassen. Wenn man möchte, kann man das Steak nun ein Stück im Uhrzeigersinn drehen, um ein schönes, rautenförmiges Grillmuster zu erhalten. Verwendet man einen Hauben- oder Kugelgrill, den Deckel immer wieder schließen. Für ein medium gegrilltes Steak nach 3–4 Minuten wenden und weitere 3 Minuten heiß grillen. Für ein medium-raw gegrilltes Steak nach 2 Minuten wenden und weitere 2 Minuten grillen. **3** Sollten die Kohlen vom heraustropfenden Fett Feuer fangen, das Steak kurz in den indirekten Bereich ohne Kohlen ziehen, bis die Flammen erloschen sind. Wenn das Steak den gewünschten Gargrad erreicht hat, vom Rost nehmen und 5 Minuten an einem warmen Ort, beispielsweise in der Grilltonne oder auf dem Zweitgrill, ruhen lassen. Das Ausruhen ist sehr wichtig und sollte nicht vergessen werden! Durch das Ruhen beruhigen sich die aufgewühlten Fleischsäfte wieder, das Steak wird lecker und saftig sein samt würziger Kruste. Das Rib-Eye-Steak mit frischem Thymian garnieren.

Hüftsteak

INFOS

GRILL	Kugelgrill, einfacher Gartengrill
KOHLEN	Holzkohle
TEMPERATUR	direkte hohe Hitze, 280 °C
KERNTEMPERATUR	medium 55 °C
VORBEREITUNGSZEIT	1–2 Stunden zum Temperieren
GRILLZEIT	6–8 Minuten
RUHEZEIT	5 Minuten

WERKZEUGE

eventuell Grilltonne
oder Zweitgrill

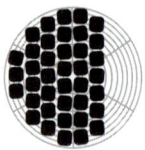

Hüftsteak

FÜR 1 PORTION

1 Hüftsteak, ca. 300 g und 2,5 cm dick
einige Tropfen gutes Olivenöl
Meersalz
schwarzer Pfeffer aus der Mühle

❶ Hüftsteak aus dem Kühlschrank nehmen und 1–2 Stunden Zimmertemperatur annehmen lassen. 30 Minuten vor dem Grillen das Steak mit ein paar Tropfen **Olivenöl** bestreichen, dann **salzen** und gut **pfeffern**. **❷** Den Grill für direkte hohe Hitze vorbereiten und auf 280 °C vorheizen. Das Steak von beiden Seiten jeweils 3–4 Minuten direkt heiß grillen, dabei erst wenden, wenn sich das Steak vom Grillrost ohne Widerstand lösen lässt. (Dünnere Steaks kürzer und heißer grillen.) Wenn eine schöne Kruste entstanden ist, das Steak 5 Minuten an einem warmen Ort ruhen lassen, zum Beispiel in einer Grilltonne oder auf dem Zweitgrill. **❸** Zum Hüftsteak passt eine gute Portion Chimichurri (Seite 290).

INFO

//

Das Rinderhüftsteak wird genauso zubereitet wie das Rumpsteak. Der Unterschied zwischen den beiden Stücken liegt einzig darin, dass das Hüftsteak aus dem noch weiter hinten liegenden Teil des Rindes geschnitten wird. Die Hüfte oder auch Blume liegt hinter dem Roastbeef und ist ein Teilstück der Keule. Hüftsteaks sind magerer als Rumpsteaks und kommen in der Regel ohne Fettrand in den Handel. Da es auch weniger stark marmoriert ist, darf man es keinesfalls zu lange grillen oder gar durchbraten, es sei denn, man mag ausgetrocknete Schuhsohlen.

//

INFOS

GRILL	Kugelgrill, einfacher Gartengrill
KOHLEN	Holzkohle, Holzkohlebriketts
TEMPERATUR	direkte hohe Hitze, ca. 300 °C und mehr
ZUBEREITUNGSZEIT	30 Minuten
GRILLZEIT	2 Minuten

WERKZEUGE

Knoblauchpresse

Frischhaltefolie

Schneidebrett

Messer

Steak-Sandwiches

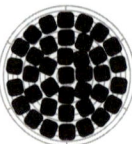

Steak-Sandwiches

FÜR 4–6 PORTIONEN

Knoblauchbutter

8 Knoblauchzehen

125 g zimmerwarme Butter

1 gestrichener TL Meersalz

Sandwiches

2 Tomaten

1 große Zwiebel

1 Kopfsalat, Eichblattsalat o. Ä.

5 frisch gebackene Brotfladen
    (Seite 248) oder Ciabatta

500 g Rinderfilet

schwarzer Pfeffer aus der Mühle

Olivenöl

Fleur de Sel

eventuell ein paar Scheiben Manchego
    oder Emmentaler

❶ Den Grill für direkte hohe Hitze vorbereiten und aufheizen. Der Grill sollte so heiß wie möglich sein! ❷ **Knoblauchbutter** Knoblauch schälen und mit der Knoblauchpresse in die zimmerwarme Butter pressen. Salz dazugeben und alles gut vermengen. Mit Frischhaltefolie abdecken und beiseitestellen. ❸ **Sandwiches** Tomaten waschen, putzen und in möglichst dünne Scheiben schneiden. Die Zwiebel schälen und in feine Ringe schneiden. Salatblätter waschen und trocken schütteln. Die Brotfladen quer aufschneiden. Knoblauchbutter auf beide Hälften der Brotfladen streichen und mit Salat, Zwiebeln und Tomaten belegen. ❹ Das Rinderfilet in etwa 1 cm dünne Scheiben schneiden. Mit der Faust (nicht mit dem Fleischklopfer!) etwas dünner ausklopfen und anschließend gut pfeffern. Steaks mit Olivenöl und etwas Knoblauchbutter einreiben und jeweils pro Seite maximal 1 Minute sehr heiß grillen. Die fertigen Steaks mit Fleur de Sel bestreuen. Je ein Steak auf die vorbereiteten Sandwiches geben, nach Geschmack mit einer Scheibe Käse belegen, den oberen Brotfladen daraufsetzen, mit den Händen etwas platt drücken und sofort servieren.

INFOS

GRILL	Kugelgrill, einfacher Gartengrill
KOHLEN	Holzkohle, Holzkohlebriketts
TEMPERATUR	direkte hohe Hitze, ca. 230 °C
KERNTEMPERATUR	75 °C
ZUBEREITUNGSZEIT	1 Stunde 30 Minuten + 30 Minuten Kühlzeit
GRILLZEIT	8 Minuten

WERKZEUGE

breite Kuftaspieße

große Schüssel

feine Reibe

Schneidebrett

scharfes Messer

Becherglas oder Standmixer

Kuftaspieß-Wraps

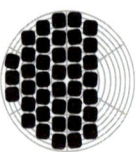

Kuftaspieß-Wraps

FÜR 6 PORTIONEN

Kufta

3 Zwiebeln

2 Tomaten

1 kg Rinderhackfleisch (oder 600 g
 Rinderhackfleisch und 400 g
 Lammhackfleisch)

6 EL fein gehackte Minzblätter

2 EL fein gehackte Petersilie

2 TL gemahlener Kreuzkümmel

½ TL gemahlener Zimt

1 TL scharfes Paprikapulver

2 EL Olivenöl

Meersalz

schwarzer Pfeffer aus der Mühle

Minzsauce

5 EL gehackte Minzblätter

2 EL heller Balsamico-Essig

1 TL Honig

2 EL Sauerrahm oder Crème fraîche

Meersalz

Scharfe Sauce

1 TL Kümmel

100 g frische Tomaten

6 scharfe Chilischoten (oder mehr,
 je nach Geschmack)

1–2 Knoblauchzehen

200 g Tomatenmark

50 ml Olivenöl

Meersalz

Wraps

1 Salatgurke

frische Salatblätter nach Geschmack

1 Handvoll glatte Petersilie

6 Tortillawraps

---

❶ **Kufta** Die Zwiebeln schälen und fein reiben. Tomaten waschen, putzen und sehr fein würfeln. Hackfleisch, Zwiebeln und Tomaten in eine große Schüssel geben. Alle restlichen Zutaten hinzufügen und gut vermengen. Mit Salz und Pfeffer abschmecken und 30 Minuten kühl stellen. ❷ Den Grill anheizen, für direkte hohe Hitze vorbereiten und auf ca. 230 °C vorheizen. ❸ **Minzsauce** Minze, Balsamico-Essig und Honig mit 3–4 EL kochendem Wasser in ein Becherglas geben und mit dem Stabmixer pürieren. Sauerrahm dazugeben und kurz untermixen. Die Sauce mit Salz kräftig abschmecken und abgedeckt kühl stellen. ❹ **Scharfe Sauce** Kümmel ohne Fett in einer Bratpfanne anrösten. Abkühlen lassen. Die Tomaten waschen und den Stielansatz herausschneiden. Chilischoten entkernen. Knoblauch schälen. Tomatenmark, Tomaten, Chilis, Knoblauch und Kümmel in den Standmixer geben und auf mittlerer Stufe mixen. Das Olivenöl dazugeben, kurz langsam mitmixen und die Sauce mit Salz abschmecken. ❺ **Wraps** Gurke waschen und in Stifte schneiden. Die Salatblätter waschen und trocken schütteln. Petersilie waschen und Blättchen abzupfen. ❻ Das Hackfleisch möglichst flach auf die Spieße verteilen. Die Kuftaspieße pro Seite jeweils ca. 4 Minuten direkt heiß grillen und dabei ein- bis zweimal wenden. Wraps mit Salat, Petersilie und den Gurkenstiften belegen, pro Wrap das Hack von einem Spieß darauflegen, etwas Sauce darüberträufeln, zusammenrollen und servieren. Restliche Saucen separat servieren.

INFO

///

Kufta oder Köfte sind in der arabischen Küche weitverbreitet. Es gibt sehr viele verschiedene Variationen und
Formen und der Fantasie sind praktisch keine Grenzen
gesetzt. Das Hackfleisch muss aber immer aus Rind- oder
Lammfleisch oder aus beiden gemischt bestehen.

///

INFOS

GRILL	Kugelgrill
KOHLEN	Holzkohlebriketts
TEMPERATUR	direkte und indirekte mittlere bis hohe Hitze, ca. 170 °C
KERNTEMPERATUR	durchgegart 70 °C
ZUBEREITUNGSZEIT	30 Minuten
GRILLZEIT	ca. 2 Stunden 10 Minuten

WERKZEUGE

großes Schneidebrett

Frischhaltefolie

Zahnstocher

Edelstahl- oder Aluminiumschale bzw.

ein kleiner Bräter oder eine Auflaufform,

jeweils passend für 4 Rouladen

Alufolie

Rinderrouladen mit Kapern

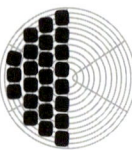

Rinderrouladen mit Kapern

FÜR 4 PORTIONEN

4 Rouladen aus der Oberschale oder
   Keule à ca. 200 g
Meersalz
schwarzer Pfeffer aus der Mühle
4 TL scharfer Senf
80 g getrocknete Tomaten in Öl
80 g Kapern
etwa 16 Scheiben Bacon (ca. 200 g)
2 Zwiebeln
Olivenöl
1 l Rinderfond oder Gemüsebrühe

❶ Den Grill für indirekte mittlere Hitze vorbereiten. Dafür einen Anzündkamin voll mit glühenden Briketts auf eine Hälfte des Kohlerostes geben, die andere Hälfte frei lassen. ❷ Je eine Scheibe Rouladenfleisch auf einem Brett auslegen, mit Frischhaltefolie abdecken und mit der Faust oder dem Handballen leicht platt klopfen. Die Rouladen salzen, pfeffern und mit Senf bestreichen. Getrocknete Tomaten und Kapern abtropfen lassen, hacken und die Rouladen damit belegen. Hierbei darauf achten, dass etwa 5 cm auf der langen Seite frei bleiben. Jede Roulade mit vier Streifen Bacon belegen, die Rouladen zum nicht belegten Ende hin aufrollen und mit Zahnstochern verschließen. ❸ Zwiebeln schälen, in Ringe schneiden und in etwas Olivenöl in der Grillschale über direkter Hitze leicht anrösten. Dann die Grillschale auf die indirekte Seite schieben. ❹ Die Rouladen über direkter Hitze ringsum ca. 6 Minuten bräunen und anschließend in die Grillschale zu den Zwiebeln legen und mit Rinderfond oder Gemüsebrühe übergießen, sodass sie fast vollständig von Flüssigkeit bedeckt sind. Die Kohlen an den Rand des Grills schieben, sodass sich direkt unter der Schmorschale keine Kohlen befinden. Den Grilldeckel schließen. Die Rouladen ca. 2 Stunden bei 170 °C schmoren, währenddessen etwa stündlich wenden. Die Flüssigkeit sollte nur ganz leicht simmern. Durchgeglühte Briketts eventuell nachlegen. ❺ Wenn man ein Fleischthermometer benutzt, wird man feststellen, dass die Kerntemperatur von 70 °C recht bald erreicht ist. Die Rouladen sind dann aber noch nicht fertig! Erst wenn sich das Fleisch mit einer Gabel sehr leicht zerteilen lässt, sind die Rouladen fertig geschmort. Die Rouladen auf angewärmten Tellern servieren. Dazu passt Brot, Kartoffelsalat oder auch Nudelsalat.

TIPP Rinderrouladen auf dem Grill? Muss man die nicht schmoren? Klar, sollte man machen – und im Haubengrill geht das ganz wunderbar. So ein Haubengrill ist ja auch nichts anderes als ein Backofen, nur dass die Hitze von unten kommt. Ansonsten ist praktisch alles wie zu Hause. Leider hat der Grill kein Fenster, aber bei diesem Rezept kann eigentlich nichts schiefgehen.

Ossobuco

INFOS

GRILL	Kugelgrill, Gasgrill
KOHLEN	Holzkohlebriketts
TEMPERATUR	direkte und indirekte hohe bis mittlere Hitze, ca. 170 °C
KERNTEMPERATUR	80–85 °C
ZUBEREITUNGSZEIT	30 Minuten
GRILLZEIT	2 Stunden 10 Minuten

WERKZEUGE

Schneidebrett

Messer

Pinsel zum Bestreichen

Schmorschale,

Schmortopf, Gastronorm-

Behälter (Seite 331) oder

flacher Bräter

Alufolie

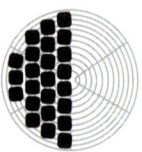

Ossobuco

FÜR 4 PORTIONEN

Ossobuco

4 Beinscheiben vom Kalb à ca. 250 g

Meersalz

schwarzer Pfeffer aus der Mühle

Olivenöl

4 Knoblauchzehen

1 große Zwiebel

2 Karotten

100 g Stangensellerie

1 EL Tomatenmark

abgeriebene Schale von 1 Biozitrone

5 reife Tomaten oder

  400 g Dosentomaten

1 EL leicht zerdrückte Wacholderbeeren

500 ml halbtrockener Weißwein

500 ml Kalbsfond

4 Lorbeerblätter

1 EL kalte Butter

Gremolata

4 gehäufte EL fein gehackte Petersilie

2 gepresste Knoblauchzehen

abgeriebene Schale von 1 Biozitrone

① Ossobuco Den Grill für indirekte mittlere Hitze vorbereiten. Dafür einen Anzündkamin voll mit glühenden Holzkohlebriketts auf ein Drittel der Fläche des Kohlerostes geben und zwei Drittel frei lassen. Die Schmorschale oder den Schmortopf in den Grill stellen. Den Grill und den Schmortopf 20 Minuten bei geschlossenem Deckel aufheizen, dabei alle Lüftungsschlitze ganz offen lassen. Die Beinscheiben salzen, pfeffern und dünn mit Olivenöl bestreichen. **②** Knoblauch und Zwiebel schälen und fein würfeln. Karotten und Stangensellerie waschen, putzen und sehr klein schneiden. Wenn der Schmortopf heiß ist, 6 EL Olivenöl darin erhitzen. Den Knoblauch hineingeben und 10 Sekunden anrösten, dabei soll er nicht braun werden. Karotten, Sellerie und Zwiebeln hinzufügen und 5 Minuten anrösten. Dann Tomatenmark und Zitronenabrieb dazugeben und untermischen. Zerkleinerte frische Tomaten bzw. Dosentomaten und die Wacholderbeeren dazugeben und alles vermengen. Weißwein und Kalbsfond angießen, verrühren und bei geschlossenem Grilldeckel direkt über den Kohlen erhitzen. **③** Wenn die Flüssigkeit ganz leicht simmert, den Topf auf die indirekte Seite des Grills ziehen. Die Beinscheiben auf der nun freien, direkten Seite des Grills beidseitig jeweils 5 Minuten scharf angrillen. Sobald die Beinscheiben schön gebräunt sind, kommen sie in den Schmortopf. Sie sollten vollständig von der Flüssigkeit bedeckt sein. Den Grilldeckel schließen und die Beinscheiben ca. 2 Stunden sanft schmoren und gelegentlich wenden. Die Lüftungsschlitze zur Hälfte schließen. Kocht die Flüssigkeit nach 30 Minuten zu heftig, einige Kohlestücke herausnehmen. Das Deckelthermometer sollte etwa 170 °C anzeigen. **4** Wenn das Fleisch sehr weich ist, die Beinscheiben herausnehmen und dicht in Alufolie einschlagen. Für das anschließende Reduzieren der Sauce benötigt man eine etwas höhere Temperatur. Wenn nötig, einen weiteren halben Anzündkamin voll Kohlen zum Glühen bringen und auf die mittlerweile durchgeglühten Kohlen in den Grill schütten. Die Beinscheiben auf der indirekten Seite an den Rand des Grills legen. Den Topf mit der Sauce direkt über die Kohlen stellen, Lorbeerblätter dazugeben und die Sauce bis zur gewünschten Konsistenz reduzieren. Die Sauce zum Schluss mit kalter Butter binden. Dann die Beinscheiben wieder in die heiße Sauce legen. **Gremolata** Petersilie, Knoblauch und Zitronenabrieb gründlich vermischen. Je eine Beinscheibe auf den Tellern verteilen und mit der Sauce übergießen. Mit der Gremolata bestreut servieren. **5** Dazu passt Kartoffel-Sellerie-Püree (Seite 274). (Man kann das Gemüse für das Püree gleichzeitig im Grill garen. Das Paket mit Kartoffeln und Sellerie kommt nach 1 ½ Stunden neben den Schmortopf auf die indirekte Seite des Rostes. Die gleichzeitige Zubereitung des Pürees auf dem Grill legt die Latte noch etwas höher, lohnt sich aber unbedingt und ist gar nicht so schwierig. Wem das zu viel Aufwand ist, der reicht einfach geröstetes Weißbrot dazu.

INFO

//

Ossobuco bedeutet „Knochen mit Loch" und ist ein klassisches Gericht aus der italienischen Küche. Hierbei handelt es sich um Beinscheiben vom Kalb, die in einem Fond aus Gemüse und Wein lange geschmort werden. Die Zubereitung auf dem Grill ist zugegebenermaßen ein wenig tricky, belohnt uns aber mit einem grandiosen Essen, das ordentlich Eindruck macht!

//

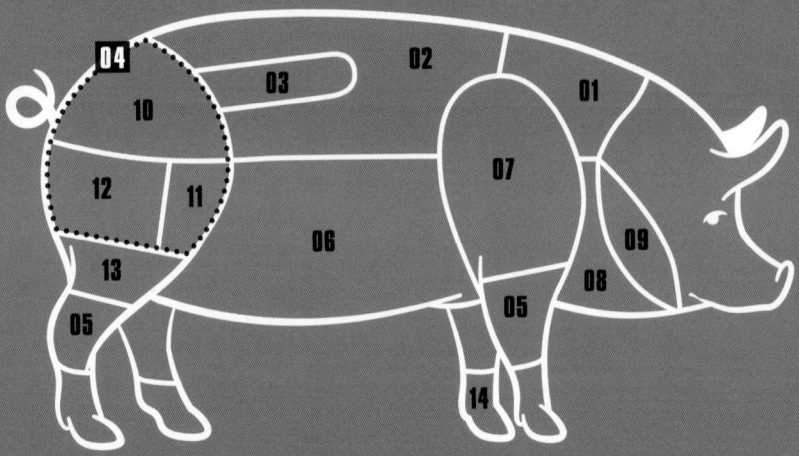

01	NACKEN/HALS/KAMM	08	DICKE RIPPE/BRUST
02	RÜCKEN	09	BACKEN
03	FILET/LENDE	10	SCHINKENSPECK
04	KEULE	11	NUSS/BLUME/KUGEL
05	HAXE/EISBEIN	12	OBERSCHALE
06	BAUCH	13	UNTERSCHALE
07	SCHULTER/BUG	14	PFOTEN

DIE BESTEN
GRILLREZEPTE
MIT
SCHWEIN

Auch beim Schweinefleisch eignet sich nicht jedes Stück für den Grill. Wie beim Rind oder Lamm stammen auch hier die besten Stücke zum Kurzbraten aus dem Rücken oder der Hinterkeule. Was nicht bedeutet, dass sich die anderen Teilstücke nicht auf dem Grill zubereiten ließen, es bedarf lediglich einer anderen Technik. Aus diesem Umstand hat sich das Barbecue entwickelt, das es uns ermöglicht, stark durchwachsene, im Allgemeinen als minderwertig bezeichnete Stücke langsam und intensiv zu garen und in wahre Leckerbissen zu verwandeln. Auch sanftes Schmoren ist ohne Weiteres auf dem Grill möglich und befähigt uns, selbst aus so harten Brocken wie den Schweinebäckchen butterzarte Happen zu zaubern.

KRÄUTER, GEWÜRZE UND ÖLE

Diese Kräuter, Gewürze und Öle passen besonders gut:

- Schnittlauch
- Petersilie
- Estragon
- Thymian
- Majoran
- Salbei
- Koriander
- Liebstöckel
- Rosmarin
- Knoblauch
- Zitronenschale
- Orangenschale
- Kümmel
- frischer Pfeffer
- Paprikapulver
- Chili
- Wacholder
- Senf
- Meerrettich
- Olivenöl, Schweineschmalz, Butter, Butterschmalz

SCHWEIN

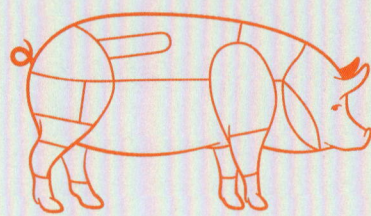

NACKEN/HALS/KAMM

Gut durchwachsenes Stück. Ergibt saftige Braten. Ideal zum Grillen, Schmoren und Braten, für Gulasch, Rollbraten, Schmorbraten. Wird mit oder ohne Knochen angeboten. In Scheiben geschnitten erhält man die beliebten Nackensteaks, mit Knochen erhält man Nackenkoteletts. Neben der Schweineschulter ist der Nacken die erste Wahl für das Pulled Pork. Gepökelt und leicht geräuchert wird der Nacken zum Kassler Kamm.

RÜCKEN

Aus dem Rücken werden die beliebten Koteletts geschnitten, wobei man die Stücke aus dem vorderen Teil des Rückens Stielkoteletts nennt und die Stücke aus dem hinteren Teil Lummerkoteletts. Lummerkoteletts, die auch Lendenkoteletts genannt werden, sind besonders mager und können beim Braten leicht austrocknen. Ohne Knochen erhält man Schweinesteaks, Minutensteaks sowie Schweinelachs und aufgeschnitten und aufgefaltet das Schmetterlingssteak. Alle Teile aus dem Rücken eignen sich gut zum Grillen. Gepökelt und leicht geräuchert wird der Rücken zum klassischen Kassler.

FILET/LENDE

Das Filet, auch Lende genannt, gehört ebenfalls zum Rücken. Es befindet sich an der Unterseite des hinteren Kotelettstrangs, dem Lendenkotelett/Lummerkotelett, das ausgebeint und pariert mancherorts ebenfalls Lende genannt wird. Ausgelöst ist das Filet eines der begehrtesten und zartesten Stücke vom Schwein. Es ist sehr mager und eignet sich hervorragend zum Grillen und Kurzbraten oder als Fonduefleisch. Man kann es am Stück oder in Medaillons geschnitten zubereiten.

KEULE

Die hintere Keule ist das größte Teilstück beim Schwein. Sie besteht aus mehreren Teilstücken: der Oberschale, der Unterschale, der Hüfte und der Nuss. Am Stück, mit Knochen und Schwarte, wird sie zum Knochenschinken. Die Oberschale liefert das klassische Schnitzelfleisch, wobei sich auch alle anderen Teile der Keule für Schnitzel eignen. Die Unterschale mit Schwarte liefert saftige Schweinebraten, die Hüfte eignet sich – in Hüftsteaks geschnitten – zum Kurzbraten und Grillen oder am Stück für einen mageren Krustenbraten. Die Nuss ist ein sehr fettarmes, feinfaseriges Stück und eignet sich gut für magere Spieße und Steaks.

HAXE/EISBEIN

Gepökelt und gekocht, als saftiges Eisbein oder frisch gegrillt als Grillhaxe ein besonderer Genuss. Die Hinterhaxe ist fleischiger als die Vorderhaxe. Geschmacklich sind sie jedoch gleich.

BAUCH

Der obere Teil des Schweinebauchs kommt als Rippchen, Schälrippen, Leiterchen oder Spareribs in den Handel, der untere Teil als Bauchfleisch. Schweinebauch ist die erste Wahl, wenn es um saftiges, lange gegartes Fleisch geht. Spareribs werden in der Regel klassisch gesmokt, also warm geräuchert, und gehören zu den beliebtesten Stücken beim amerikanischen Barbecue. Gekocht sind Schälrippchen eine deftige Delikatesse und zählen, mit Sauerkraut und Kartoffeln serviert, zu den absoluten deutschen Klassikern. Das Bauchfleisch eignet sich sehr gut zum Grillen, ist allerdings sehr fett. Als Schweinebraten mit Kruste ist das Bauchfleisch eine saftige Variante zum Krustenbraten aus der Keule.

SCHULTER/BUG

Die Schweineschulter ist von Sehnen durchzogen und eignet sich ausgebeint, also ohne Knochen, sehr gut zum Schmoren oder Braten. Besonders als Roll- oder Spießbraten ist die Schweineschulter eine gute Wahl. In Franken wird die Schulter mit dem Schulterblatt als Schäufele im Ofen gebraten. Neben dem Nacken eignet sie sich ebenso gut für das Pulled Pork.

DICKE RIPPE/BRUST

Die dicke Rippe hat einen hohen Fettgehalt, ähnlich wie das Bauchfleisch. Im Handel sehen dicke Rippen ähnlich aus wie Spareribs, allerdings mit viel mehr Fleisch. Man kann sie genauso zubereiten, also smoken, muss aber etwas mehr Zeit investieren. Sehr gut macht sich die dicke Rippe auch im deftigen, lange gekochten Eintopf.

BACKEN

Schweinebäckchen sind sehr stark von Bindegewebe durchwachsen und eignen sich nicht zum Kurzbraten. Langsam geschmort werden sie aber zum weichsten Stück Fleisch, das man vom Schwein bekommen kann.

INFOS

GRILL	Kugelgrill
KOHLEN	gute Holzkohlebriketts, z. B. proFagus oder Hotcoconut
TEMPERATUR	hohe Temperatur, ca. 250 °C
KERNTEMPERATUR	80–85 °C
VORBEREITUNGSZEIT	2 Stunden
ZUBEREITUNGSZEIT	20 Minuten
GRILLZEIT	ca. 2 Stunden
RUHEZEIT	10 Minuten

WERKZEUGE

scharfes Messer

Mörser

Glasschüssel oder

Frischhaltebeutel mit

Zipverschluss

Grillspieß

Kohlekorb (optional)

Fettschale

Pinsel zum Bestreichen

Schweinshaxe am Spieß

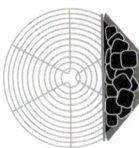

Schweinshaxe am Spieß

FÜR 2 PORTIONEN

2 Schweinshaxen

1 EL fein gehackter Thymian

1 EL fein gehackter Majoran

1 TL gemörserter Kümmel

½ TL schwarzer Pfeffer
   aus der Mühle

1 gepresste Knoblauchzehe

1 TL scharfer Senf

2 EL Öl

2 TL Meersalz

50 ml Bier

1 EL Honig

1 Die Haxen 1 Stunde vor der Zubereitung aus dem Kühlschrank nehmen. Mit einem scharfen Messer die Haut der Haxen rautenförmig einschneiden, jedoch nicht bis aufs Fleisch durchschneiden. **2** In einer Schüssel Thymian, Majoran, Kümmel, Pfeffer, Knoblauch, Senf, Öl und Salz verrühren. Die Marinade gründlich in die Haxen einmassieren und 1 Stunde einwirken lassen. **3** Den Grill für den Spieß vorbereiten. Etwa 30 Kohlen vorglühen, in einen Grillkorb füllen und hinter dem Spieß platzieren. Noch besser ist es, die vorgeglühten Kohlen direkt auf den Grillrost zu legen, da sie so besser an das unsymmetrische Profil der sich drehenden Haxen angepasst werden können. Der Abstand der Kohlen zu den Haxen sollte etwa 10 cm betragen. **4** Die Haxen so auf dem Spieß befestigen, dass sie sich gleichmäßig drehen können, ohne dass der Spieß ruckelt. Den Spieß am Grill montieren, eine Auffangschale unter die Haxen stellen und die Haxen ca. 1 ½ Stunden grillen. Den Grilldeckel schließen und den oberen Lüftungsschieber halb öffnen. Wenn die Haxen nach 30 Minuten appetitlich gebräunt sind und keine verbrannten Stellen haben, ist die Temperatur gut. Ist die Temperatur zu niedrig, den Kohlekorb bzw. die Kohlen näher an die Haxen heranschieben. Ist sie zu heiß und der Kohlekorb kann nicht weiter nach hinten geschoben werden, einige Kohlenstücke herausnehmen. **5** Nach ca. 1 ½ Stunden das Bier mit dem Honig in einer Tasse verrühren. Sechs bis acht Holzkohlebriketts nachlegen, um die Temperatur zu erhöhen. Die Haxen mit der Bier-Honig-Glasur bepinseln und mit geschlossenem Grilldeckel weitergrillen. Darauf achten, dass nichts anbrennt: Hin und wieder die Haxen bepinseln und den Kohlekorb bzw. die Kohlen bei einer Kerntemperatur von 80–85 °C herausnehmen. Die Haxen noch 10 Minuten am Spieß drehend ruhen lassen und dann servieren. Dazu passt Grillkraut (Seite 252).

TIPP Die Zubereitung am Spieß ist die optimale Garmethode für eine leckere Schweinshaxe mit krosser Kruste. Durch das langsame Drehen wird die Haxe permanent von ihrem eigenen Saft befeuchtet und durch das relativ trockene Milieu im Grill schön knusprig.

INFOS

GRILL	Kugelgrill	**WERKZEUGE**	
KOHLEN	Holzkohlebriketts (Greek Fire)	2 Kohlekörbe	
TEMPERATUR	indirekte mittlere Hitze, ca. 200 °C	kleiner Gusstopf	
KERNTEMPERATUR	90 °C	Alufolie	
ZUBEREITUNGSZEIT	40 Minuten	Backpapier	
GRILLZEIT	ca. 2 ½ Stunden	Schneidebrett	
		Messer	

Schweinebäckchenpäckchen

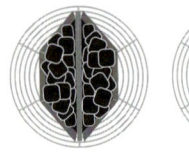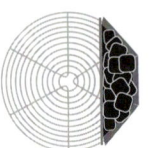

Schweinebäckchenpäckchen

FÜR 6 PORTIONEN

3 Knoblauchzehen

1 Karotte

4 EL Olivenöl plus etwas zum Grillen

4 EL klein gewürfelter Knollensellerie

3 EL klein gewürfelte Petersilienwurzel

500 ml Gemüse- oder Kalbsfond

3 Lorbeerblätter

Meersalz

schwarzer Pfeffer aus der Mühle

50 ml Madeira, roter Portwein oder
    halbtrockener Sherry

1 kg Schweinebäckchen

2 Tomaten

TIPP Zarter und weicher geht es kaum! Langsam geschmort werden die Bäckchen so weich, dass man sie mit dem Löffel essen kann. Dazu kommt ein ganz besonderer fleischiger Geschmack und wenn sie erst mal eingepackt auf dem Rost liegen, brauchen sie kaum noch Aufmerksamkeit. Dadurch hat man ausreichend Zeit, sich um die Beilagen und Salate zu kümmern.

1 Den Grill für indirekte mittlere Hitze vorbereiten. Hierfür zwei Kohlekörbe mit glühenden Kohlen füllen und an den Rand stellen. **2** Knoblauchzehen schälen und fein hacken. Karotte waschen, putzen und in kleine Würfel schneiden. Einen Gusstopf im Grill erhitzen. Knoblauch und 2 EL Olivenöl hineingeben und anbraten. Wurzelgemüse hinzufügen, den Fond angießen, die Lorbeerblätter dazugeben und aufkochen lassen. Die Flüssigkeit auf etwa zwei Drittel reduzieren und den Sud sparsam mit Salz und Pfeffer würzen. (Der Fond wird sich noch reduzieren, deshalb nur wenig Salz verwenden!) Madeira, Portwein oder Sherry hinzufügen und dann den Topf vom Feuer nehmen. **3** Schweinebäckchen salzen und pfeffern, mit etwas Olivenöl einreiben und direkt heiß auf beiden Seiten ca. 1–2 Minuten angrillen. Erst wenden, wenn sie sich leicht vom Rost lösen. Tomaten waschen und in Scheiben schneiden. Aus Alufolie und Backpapier kleine Pakete bauen, in die jeweils ein Schweinebäckchen und eine Tomatenscheibe luftig gut hineinpassen. Zuerst jeweils eine Tomatenscheibe auf ein Stück Backpapier setzen, leicht salzen und pfeffern. Darauf jeweils ein Schweinebäckchen geben und das Papier wie einen nach oben offenen Topf formen. Dann großzügig Alufolie außenrum wickeln, 3 EL Gemüsesud samt Gemüse hinzufügen und das Päckchen verschließen. **4** Einen Kohlekorb aus dem Grill entfernen. Die Schweinebäckchenpäckchen nebeneinander auf die indirekte Seite des Grills setzen, den Deckel schließen und 2 Stunden grillen. Die Temperatur dabei zwischen 170 und 200 °C halten. Ist die Temperatur zu niedrig, die glühenden Kohlen aus dem herausgenommenen zweiten Kohlekorb nachlegen. **5** Wenn die Bäckchen schon sehr weich sind, die Verpackungen jeweils ein wenig öffnen und die Pakete für ca. 15 Minuten über die direkte Hitze ziehen, um die Sauce etwas zu reduzieren. Pro Person ein Paket auf den Teller legen. Dazu passt Erbspüree mit Wasabi und Wodka (Seite 274).

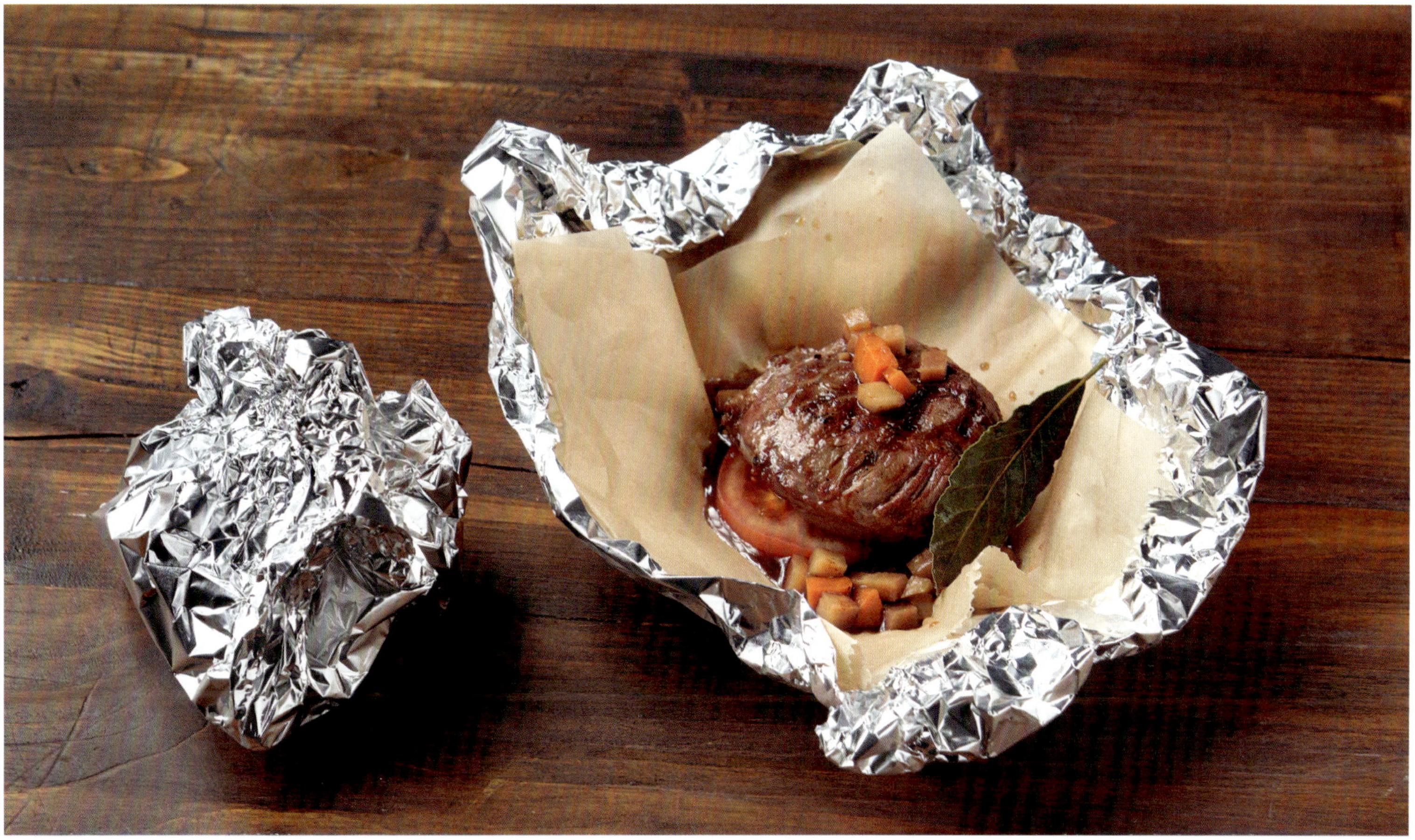

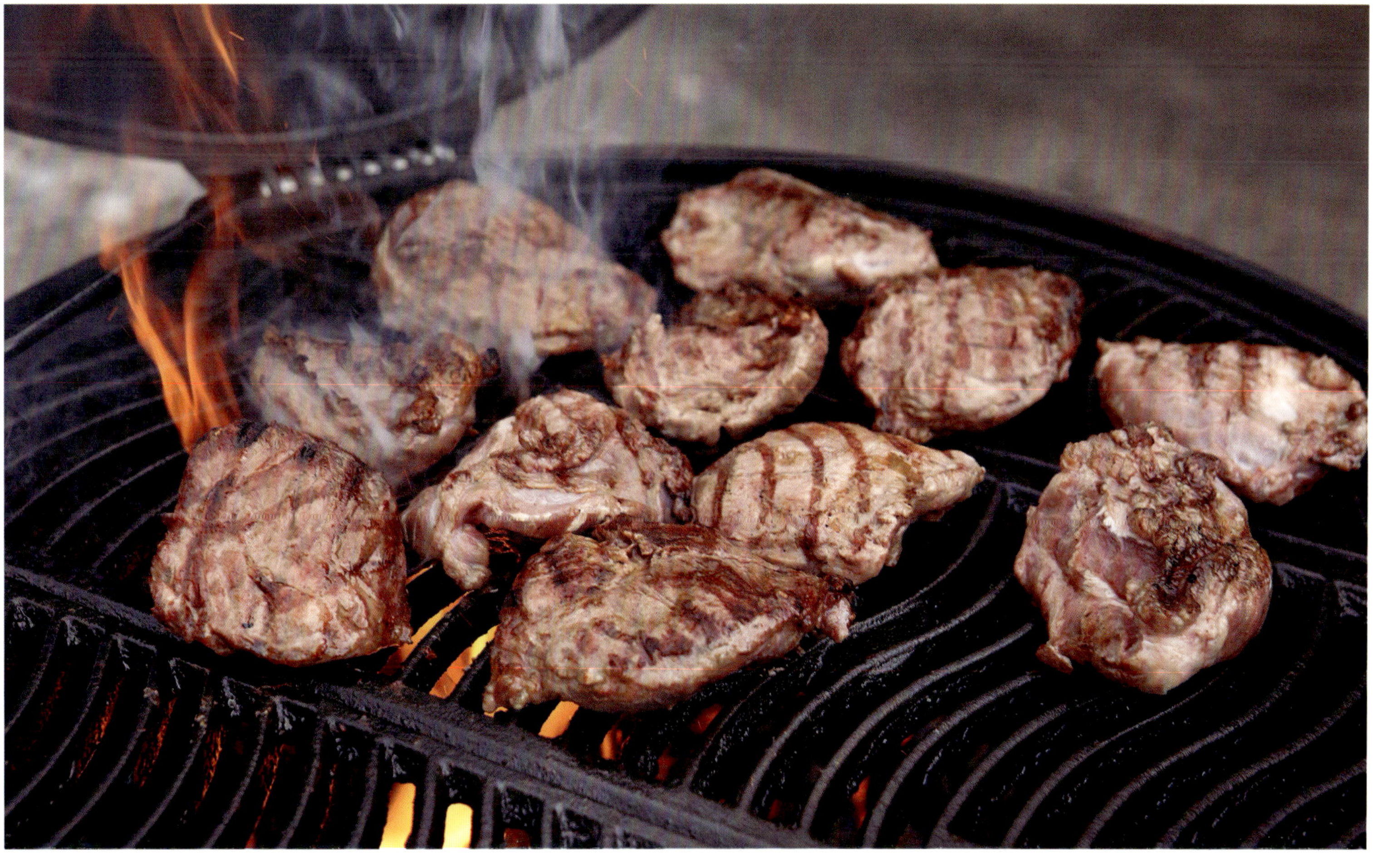

INFOS

GRILL	Kugelgrill
KOHLEN	Holzkohlebriketts
TEMPERATUR	direkte und indirekte mittlere bis niedrige Hitze, ca. 150 °C
KERNTEMPERATUR	70–75 °C
VORBEREITUNGSZEIT	2 Stunden
ZUBEREITUNGSZEIT	20 Minuten
GRILLZEIT	1 Stunde 40 Minuten
RUHEZEIT	10 Minuten

WERKZEUGE

Mörser

2 Kohlekörbe

Tropfschale

Fleischthermometer

großes Schneidebrett

scharfes Messer

Lötlampe oder

Brullierbrenner

Glasierter Schweinebauch

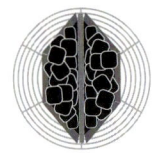

Glasierter Schweinebauch

FÜR 6–8 PORTIONEN

Rub

2 TL Senfsamen

2 TL Koriandersamen

2 TL Paprikapulver

2 TL Meersalz

2 TL schwarzer Pfeffer

2 TL brauner Zucker

Schweinebauch

2 kg Schweinebauch, nicht zu fett,
   mit Schwarte

4 EL Waldhonig

2 EL Balsamico-Essig

1 EL Worcestersauce

❶ Alle Zutaten für den Rub mörsern. Den Schweinebauch auf der Hautseite rautenförmig einschneiden, dabei darauf achten, nicht bis aufs Fleisch zu schneiden. Schweinebauch mit dem Rub einreiben, in Frischhaltefolie wickeln und 2 Stunden in den Kühlschrank legen. Das Fleisch 1 Stunde vor dem Grillen aus dem Kühlschrank nehmen. ❷ Den Grill vorbereiten. Hierzu zwei Kohlekörbe mit vorgeglühten Kohlen füllen und in der Mitte des Kohlerostes nebeneinander platzieren. Den Grillrost auflegen, 15 Minuten aufheizen lassen und den Schweinebauch über der Glut von allen Seiten scharf angrillen. Dann einen Kohlekorb herausnehmen und den anderen an den Rand schieben. Eine Tropfschale auf die indirekte Seite unter den Grillrost legen, den Schweinebauch auf den Grillrost über die Tropfschale setzen und ca. 1 ½ Stunden mit der Schwartenseite nach oben indirekt bei 150 °C grillen. (Möchten Sie Semmelknödel [Seite 251] zum Schweinebauch servieren, platzieren Sie jetzt die Semmelknödelrolle hinter dem Schweinebauch am Rand des Grills. Sie wird gleichzeitig mit dem Schweinebauch gar sein.) ❸ Hin und wieder den Schweinebauch drehen (nicht wenden!), da die den Kohlen zugewandte Seite heißer ist als die abgewandte Seite. Waldhonig, Balsamico-Essig und Worcestersauce verrühren und nach 1 Stunde die Schwarte mit der Glasur bepinseln. 10 Minuten vor Ende der Garzeit ein weiteres Mal bepinseln. Am Ende die Schwarte mithilfe einer Lötlampe knusprig brennen. Nicht übertreiben: Das Fett ist schnell auch ungesund verbrannt! Den Schweinebauch aufschneiden und servieren. ❹ Zum glasierten Schweinebauch schmeckt neben Semmelknödeln auch Rettichsalat (Seite 280).

TIPP Schweinebraten ohne Kruste ist wie Winter ohne Schnee – immer nur eine halbe Sache. Will man allerdings auf dem Grill eine leckere Kruste zaubern, tropft gern das Fett in die Glut, raucht und entzündet sich. Außerdem bleiben die leckersten Knusperstücke eher am Rost haften, statt den Braten zu schmücken. Eine Möglichkeit ist, den Schweinebauch am Drehspieß zu grillen, vorausgesetzt, man besitzt einen Spieß. Aber es geht auch ohne! Wir bedienen uns hier mal eines Tricks und bearbeiten die Schwarte am Ende einfach mit einer Lötlampe oder einem Brüllierbrenner. Das ist übrigens durchaus gängige Küchenpraxis und wird nicht nur bei der berühmten Crème brûlée angewandt. Macht garantiert Eindruck und zudem noch richtig Spaß!

Classic Spareribs

INFOS

GRILL	Kugelgrill, Smoker
KOHLEN	Holzkohlebriketts, Kokosbriketts, zum Smoken Holzstücke oder gewässerte Wood Chips, zum Beispiel Eiche für ein würziges und Obstholz (Apfel, Kirsche etc.) für etwas milderes Räucheraroma
TEMPERATUR	indirekte niedrige Hitze, ca. 110–130 °C
VORBEREITUNGSZEIT	2 Stunden Marinierzeit
ZUBEREITUNGSZEIT	30 Minuten
GRILLZEIT	ca. 5 Stunden
RUHEZEIT	10 Minuten

WERKZEUGE

schlankes Messer

Frischhaltefolie

Rib-Halter

Tropfschale

großer Pinsel oder Mopp

Alufolie

1–2 Stücke Räucherholz

oder einige Räucherchunks

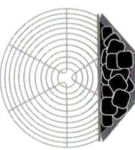

Classic Spareribs

FÜR 8 PORTIONEN

Spareribs

8 Spareribs (à ca. 500 g)

500 ml Apfelsaft oder Bier

Rub

1 TL Meersalz

2 EL schwarzer Pfeffer

2 EL Paprikapulver

2 EL brauner Zucker

1 TL Chilipulver

1 EL getrockneter Thymian

½ TL frisch geriebene Muskatnuss

1 TL Kreuzkümmel

1 TL Espressopulver

Barbecuesauce

2 Knoblauchzehen

4 EL Tomatenmark

80 ml Ketchup

100 ml Worcestersauce

50 ml Sojasauce

250 ml Olivenöl

150 g Honig oder Zuckerrübensirup

80 ml Apfelessig

1 TL Senf

1 TL getrockneter Oregano

1 ½ TL getrockneter Thymian

1–2 TL Cayennepfeffer oder
    Chilipulver

100 ml Bier oder Malzbier

Meersalz

---

1 Spareribs Die Silberhaut von der Innenseite der Ribs entfernen. Dazu mit einem schlanken Messer oder einem sauberen Schlitzschraubendreher etwa zwischen dem dritten und vierten Knochen knapp unter die Silberhaut fahren, ohne sie zu zerreißen. Mit Hebelbewegungen die Haut zum kurzen Ende hin ganz ablösen. Die abgelöste Haut ist jetzt lang genug, um sie gut festzuhalten. Am besten geht das mit einem Tuch oder mit Küchenpapier. Die Haut jetzt ganz abziehen. **2 Rub** Alle Zutaten für den Rub vermengen und die Ribs gleichmäßig damit einreiben. Die Ribs in Frischhaltefolie einwickeln und den Rub mindestens 2 Stunden einwirken lassen. Am besten die eingepackten Ribs über Nacht in den Kühlschrank legen. **3 Barbecuesauce** Knoblauch schälen und pressen. Alle Zutaten außer Bier und Salz vermischen und nur so viel Bier zugeben, bis eine cremige, dickflüssige Sauce entstanden ist. Mit Salz abschmecken. **4** Den Grill für indirekte Hitze vorbereiten. Hierfür ca. 15 Holzkohlebriketts im Anzündkamin zum Glühen bringen und auf eine Seite des Kohlerostes legen. Der Kohlerost sollte etwa zu einem Fünftel bedeckt sein. Alternativ kann man auch einen Kohlekorb verwenden. Auf die freie Seite, neben den Kohlen, eine Tropfschale stellen. Die Tropfschale zu einem Drittel mit heißem Wasser füllen. (Das kann eine Einwegaluschale sein oder eine flache Edelstahlwanne aus dem Gastrobereich zum mehrmaligen Verwenden.) Diese Schale fängt heraustropfendes Fett auf und sorgt für ein feuchtheißes Milieu unter der Grillhaube. Den Grill 15 Minuten mit geschlossenem Deckel aufheizen lassen, bis das Thermometer ca. 150 °C anzeigt. Die Grilltemperatur sollte für die nächsten Stunden bei etwa 110 °C liegen. Die Ribs über die Tropfschale auf den Grillrost legen. Wenn der Platz nicht ausreicht, am besten einen Rib-Halter verwenden, in dem die Ribs aufrecht auf der Seite nebeneinanderstehen. **5** Einige Räucherchunks oder ein trockenes Stück Laubholz auf die Kohlen legen und den Deckel schließen. Die Lüftungsklappen sollten einen Spaltbreit geöffnet sein, da sonst die Kohlen ausgehen. Wird der Grill trotz fast geschlossener Klappen zu heiß, einige Kohlenstücke herausnehmen. Die Ribs ca. 3 Stunden bei 110–120 °C garen. Währenddessen etwa stündlich wenden und mit Apfelsaft oder Bier bestreichen. Je

nach Qualität der Kohlen etwa stündlich zwei bis drei angeglühte Briketts nachlegen. Kalte, also nicht vorgeglühte Briketts, im Besonderen Billigware, sind noch nicht ausgegast und können den Geschmack des Fleisches beeinträchtigen, von gesundheitlichen Bedenken ganz zu schweigen. **❻** Nach 3 Stunden die Ribs vom Grill nehmen, mit der Barbecuesauce bestreichen und in ein großes Stück Alufolie wickeln. Einen Schluck Apfelsaft oder Bier dazugießen und weitere 2 Stunden indirekt bei 110 °C grillen. Nach 2 Stunden die Ribs vom Grill nehmen und auswickeln. Sie sollten so zart sein, dass man den Knochen herausziehen kann. Wenn nicht, wieder einwickeln und weitergrillen, bis die Ribs weich sind. Sind die Ribs zart und schön weich, vom Grill nehmen und eingewickelt ca. 10 Minuten ruhen lassen. Wer es gern saftig mag, kann die Ribs jetzt schon servieren. Wenn es knuspriger, aber auch ein wenig trockener werden soll, geht es hier weiter: Den Grill für direkte hohe Hitze vorbereiten und aufheizen lassen. Die Ribs mit der Barbecuesauce bestreichen, kurz und heiß grillen, bis sich eine schöne Kruste bildet, nochmals mit der Sauce bestreichen und heiß servieren.

TIPP Spareribs findet irgendwie jeder gut: würzig, knusprig, saftig und mit Knochen zum Abnagen. Bei der Zubereitung gibt es viele Möglichkeiten. Man kann sie vorher kochen und dann fertig grillen oder im Backofen vorgaren und schmoren oder eben „low 'n' slow" im Grill oder Smoker zubereiten. Auf keinen Fall sollte man Spareribs einfach roh auf den Grill legen und in 20 Minuten braun braten. Das Resultat: fettig und zäh! Die verbreitetste klassische Methode ist das langsame Smoken bei etwa 110 °C. Diese wird hier auch beschrieben – und wie das beim Barbecue eben so ist: Sie braucht ein Weilchen.

Schweinenackensteak

INFOS

GRILL	Kugelgrill, einfacher Gartengrill
KOHLEN	Holzkohle
TEMPERATUR	direkte hohe Hitze, ca. 230–250 °C
KERNTEMPERATUR	gut durchgebraten 70 °C
VORBEREITUNGSZEIT	24 Stunden Marinierzeit
ZUBEREITUNGSZEIT	20 Minuten
GRILLZEIT	6–8 Minuten
RUHEZEIT	5 Minuten

WERKZEUGE

Frischhaltefolie

Schüssel zum

Marinieren oder

Frischhaltebeutel

mit Zipverschluss

Küchenkrepp

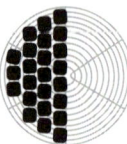

Schweinenackensteak

FÜR 2 PORTIONEN

---

1 Knoblauchzehe

2 Schweinenackensteaks à ca. 150 g, ca. 2 cm dick

2 EL Senf

4 EL Olivenöl

2 EL Zitronensaft

2 TL brauner Zucker

300 ml helles Bier

2 EL getrockneter Thymian

6 Lorbeerblätter

8 zerdrückte Wacholderbeeren

1 TL schwarzer Pfeffer

1 TL Thymianblättchen

1 Die Knoblauchzehe schälen und halbieren und die Steaks gründlich damit einreiben. Alle Zutaten bis auf die Thymianblättchen zu einer Marinade verrühren. Das Fleisch in eine Schüssel legen und die Marinade einmassieren. Das Fleisch sollte vollständig von der Marinade bedeckt sein. Falls nicht, noch etwas Bier unterrühren. Die Schüssel verschließen oder mit Frischhaltefolie abdecken und das Fleisch im Kühlschrank über Nacht marinieren. **2** Das Fleisch aus dem Kühlschrank nehmen und für etwa 1 Stunde Zimmertemperatur annehmen lassen. Den Grill für direkte hohe Hitze vorbereiten. Hierfür die Hälfte des Kohlerostes mit glühenden Kohlen belegen, die andere Hälfte frei lassen. Die Steaks mit Küchenpapier abtupfen, da sonst die Marinade in die Kohlen tropft und dort Feuer fängt. Die Nackensteaks über direkter hoher Hitze von beiden Seiten jeweils 3–4 Minuten grillen und nur einmal wenden. Dann die Steaks 5 Minuten an einem warmen Ort ruhen lassen und mit Thymianblättchen bestreut servieren.

TIPP Das Schweinenackensteak gehört auf deutschen Grills seit jeher zu den beliebtesten Stücken. Richtig zubereitet ist es ein zarter, saftiger Gaumenschmaus, den man auf Grillpartys und Volksfesten mit Sicherheit schon mal genießen durfte. Das eigentlich eher zum Schmoren geeignete Fleisch wird am besten über Nacht oder länger mariniert. Hierbei geht es nicht nur um eine geschmackliche Aufwertung, sondern vielmehr darum, dem Fleisch mehr Zartheit zu verleihen. Die Rezepturen der Marinaden sind so vielfältig, dass man mit ihnen ein dickes Buch füllen könnte. Mehr dazu ab Seite 283.

Pulled Pork

INFOS

GRILL	Wassersmoker, Kugelgrill
KOHLEN	hochwertige Holzkohlebriketts, Kokosbriketts
TEMPERATUR	niedrige Hitze, ca. 100–120 °C
KERNTEMPERATUR	93–95 °C
VORBEREITUNGSZEIT	20–24 Stunden Marinierzeit
ZUBEREITUNGSZEIT	20 Minuten
GRILLZEIT	13–16 Stunden
RUHEZEIT	1 Stunde abgedeckt an einem warmen Ort

WERKZEUGE

Edelstahlwanne (optional)

Frischhaltefolie

grobe Holzstücke (Apfel, Kirsche, Pflaume oder Buche)

Alufolie

Fleischthermometer, am besten ein Funkthermometer

Kühlbox

Pulled Pork

FÜR CA. 12 PORTIONEN

---

3 kg Schweinenacken am Stück

Rub nach Geschmack (Seite 78/82)

Burgerbrötchen (Seite 208)

Barbecuesauce (Seite 293)

Krautsalat

1 **2 Tage vorher, 10:00 Uhr** Das Fleisch großzügig mit dem gewünschten Rub einreiben. Hier nicht geizen, nur so erhält man genügend würzige Kruste! Anschließend den Schweinenacken fest in Frischhaltefolie einwickeln und für 20–24 Stunden im Kühlschrank ziehen lassen. **2** **1 Tag vorher, 9:00 Uhr** Das Fleisch aus dem Kühlschrank nehmen, auswickeln und ca. 1 Stunde Zimmertemperatur annehmen lassen. (Wird das Fleisch kalt in den Smoker oder Grill gelegt, braucht es viel länger, da es erst auf Temperatur gebracht werden muss. Da die Brennzeit unserer Holzkohlebriketts begrenzt ist, sollten wir hier Garzeit einsparen.) **3** Den Grill bzw. Smoker vorbereiten. Um eine gleichmäßige Brenndauer von etwa 14 Stunden zu ermöglichen, legen wir die Holzkohlebriketts zu einem „Minionring". Dieser Kohlering ist nicht ganz geschlossen und brennt deshalb nur in eine Richtung ab. **4** Damit das reibungslos funktioniert, müssen die Kohlen aber so dicht wie möglich aneinanderliegen. Nur so können sie von ihrer Nachbarkohle angesteckt werden. Hierbei muss man möglichst pingelig arbeiten. Wenn der Minionring mitten in der Nacht ausgeht, weil die Kohlen nicht dicht genug gelegt wurden, ist die ganze Arbeit umsonst gewesen und auch das Fleisch wird nicht mehr so saftig werden. Entscheidend für die Temperatur ist die Menge an Holzkohlebriketts. Auch die Qualität der Briketts ist sehr wichtig. Viele schwören auf „proFagus Grillis", die ich hier auch empfehlen kann. Noch länger und vor allem völlig geruchsfrei glühen die Kohlen „Greek Fire" oder „Hotcoconut Kokosbriketts". **5** Die eigentliche Stärke der Hitze wird immer über die Menge der Kohlen bestimmt. Über die Lüftungsklappen kann später nur ein wenig nachreguliert werden. Der Minionring sollte für 110–120 °C etwa eine Handbreit hoch und breit sein. Obenauf liegen die Stücke bestenfalls so, dass man eventuell später einige herunternehmen kann, ohne den Ring zu zerstören. Auf dem Minionring verteilen wir in gleichmäßigen Abständen grobe Holzstücke, beispielsweise Apfelholz oder Kirsche, Pflaume oder Buche. Sobald die Glut das Holz erreicht, wird es automatisch Rauch erzeugen, wie bei einer Zeitschaltuhr. **6** Jetzt geht's los: im Anzündkamin etwa zehn Briketts anglühen und an den Anfang des Rings legen. Etwa 15 Minuten den Grill offen lassen, bis die Kohlen des Rings angeglüht sind. Benutzt man einen Wassersmoker, jetzt die leere Schale einlegen und mit möglichst heißem Wasser gut füllen. Füllt man die Schale mit kaltem Wasser, muss der Smoker erst das Wasser erwärmen, was uns locker 2 Stunden kostet. Den Grillrost über der Schale platzieren. Den Smoker bzw. Grill schließen und aufheizen lassen. **7** Beträgt die Temperatur ca. 100 °C, das Fleisch auf den Rost legen, das Fleischthermometer durch die oberen Lüftungsschlitze einfädeln, an der dicksten Stelle bis zur Mitte des Schweinenackens einstechen und den Deckel wieder schließen. Die Belüftung unten sollte halboffen, die Belüftung oben einen Spaltbreit offen sein. Die Temperatur des Smokers oder Kugelgrills sollte jetzt

FORTSETZUNG

Pulled Pork

FORTSETZUNG

für die nächsten 14 Stunden zwischen 110–120 °C liegen. **8** Das ist der schwierigste Teil und nicht wenige sind hier schon verzweifelt! Hier ein paar Tipps zur Regulierung der Hitze.

Grundprinzip: Lüftung unten und oben komplett auf = guter Durchzug = starke Hitze. Je weiter man die Lüftung schließt, desto kälter glühen die Kohlen. Schließt man die Lüftung komplett, gehen die Kohlen aus.

Temperatur zu hoch (über 130 °C)

- Untere Belüftung etwas weiter schließen.
- Wasserschale kontrollieren – ist sie leer, steigt die Temperatur.
- Zu viele Kohlen – vorsichtig einige der oberen Kohlen herausnehmen. Dabei darauf achten, den Ring nicht zu unterbrechen! Deshalb am besten Braten raus, in Alufolie wickeln, Wasserschale raus, die oberen Kohlen raus (nicht zu viele), Wasserschale und Braten ohne Folie wieder rein, Deckel schließen.

Temperatur zu niedrig (unter 95 °C)

- Lüftungsschlitze unten und oben etwas weiter öffnen.
- Heiße Kohlen vorsichtig durch die Kohlenklappe nachlegen. Diese sollten im Anzündkamin vorgeglüht sein.
- Kontrollieren, ob der Ring gleichmäßig abbrennt oder ausgegangen ist. Ist der Ring aus, zehn frisch angeglühte Briketts an die Stelle legen, wo der Ring erloschen ist, und für mehr Belüftung sorgen.

9 Nach jeder Aktion etwa 15 Minuten warten und beobachten, wie sich die Temperatur verändert hat. Wenn der Smoker oder Grill eine längere Zeit stabil läuft, kann man erst mal schlafen gehen. **10** Wer allerdings zu neugierig oder besorgt ist, sollte die Nacht beim Smoker oder Grill verbringen. Hierbei kann man dann auch sehr schön ein interessantes Phänomen beobachten: die Plateauphase. In dieser Phase, die nach etwa 4 Stunden eintritt, steigt die Kerntemperatur plötzlich nicht mehr an. Sie verweilt bei etwa 70 °C und kann sogar etwas fallen. Das ist ganz normal und auf keinen Fall sollte man jetzt Kohlen nachlegen, um die Temperatur zu erhöhen. Der Smoker muss unbedingt zwischen 110–120 °C weiterlaufen. Die Plateauphase kann 2–4 Stunden andauern, anschließend steigt die Kerntemperatur wieder an. Man kann die Plateauphase verkürzen, indem man das Fleisch, sobald das Thermometer bei ca. 70 °C stagniert, dicht in Alufolie einwickelt und wieder in den Smoker legt. Kann man machen, muss man aber nicht. Wie man es auch macht: Irgendwann steigt die Kerntemperatur wieder, nur um dann kurz vor Erreichen der Grenze von 90 °C erneut drastisch zu fallen. Das ist die zweite Plateauphase. Auch diese geht vorbei und irgendwann ist die gewünschte Kerntemperatur von 95 °C erreicht.
11 **Der große Tag, zwischen 13:00 und 16:00 Uhr** Wichtig ist nun, das Fleisch etwa 1 Stunde warm ruhen zu lassen,

damit sich die zirkulierenden Fleischsäfte wieder beruhigen. Eine beliebte Methode ist das Ruhenlassen in einer Kühlbox, die in diesem Fall zur Wärmebox wird. Hierfür zwei mit heißem Wasser gefüllte Flaschen in die Kühlbox stellen, das in Alufolie gewickelte Fleisch dazulegen und den Deckel schließen. Benutzt man zum Warmhalten einen Zweitgrill mit Deckel oder eine Grilltonne, das Fleisch nicht in Alufolie wickeln. So bleibt es außen schön knusprig. Nach 1 Stunde das Fleisch herausnehmen, in eine angewärmte große Schale legen und jetzt endlich „pullen" – entweder mit zwei Gabeln oder mit den Händen (englisch: „pull" bedeutet „ziehen", „Pulled Pork" = auseinandergezogenes Schweinefleisch). **12** **Burgerbrötchen** halbieren, auf dem Grill anrösten und mit einer ordentlichen Portion Pulled Pork belegen. Dabei darauf achten, dass auch Stücke vom knusprig-würzigen Rand dabei sind. Etwas **Barbecuesauce** darüberträufeln, den **Krautsalat** obenauf geben und servieren. Restliche **Barbecuesauce** separat servieren.

INFO

//

Das Pulled Pork gehört wie Spareribs und Brisket zu den absoluten Stars am Barbecuehimmel. Das amerikanische Originalrezept sieht hierfür ein Stück Fleisch vor, das aus einem Teil Nacken und einem Teil Schulter besteht. Da in deutschen Schlachthöfen dieser Cut normalerweise nicht praktiziert wird, müssen wir uns hier entweder für ein Stück Schweinenacken oder für ein Stück Schweineschulter entscheiden. Für dieses Rezept verwenden wir einen Schweinenacken und es gilt „low 'n' slow", also niedrige Temperatur, langsames Garen. Langsam bedeutet 10–14 Stunden. Genauer kann man das bei Pulled Pork nicht sagen, denn selbst äußerlich fast identische Fleischstücke brauchen unterschiedlich viel Zeit, um die gewünschte Kerntemperatur von 95 °C zu erreichen. Das Fleisch braucht einfach so lange, wie es eben braucht. Also entweder sehr früh aufstehen oder den Schweinenacken über Nacht garen. Keine Sorge, aufstehen und Kohlen nachlegen ist nicht nötig, auch hierfür gibt es eine Lösung!

//

Ganzes Schweinefilet im Speckmantel mit Grilltomaten

INFOS

GRILL	Kugelgrill, Smoker
KOHLEN	Holzkohle, Holzkohlebriketts
TEMPERATUR	indirekte mittlere Hitze, ca. 170–190 °C
KERNTEMPERATUR	rosa 58 °C, durchgebraten 65 °C
VORBEREITUNGSZEIT	1–2 Stunden zum Temperieren
ZUBEREITUNGSZEIT	30 Minuten
GRILLZEIT	ca. 45 Minuten
RUHEZEIT	5 Minuten

WERKZEUGE

scharfes Messer
Zahnstocher
Räucherholz (Apfel,
Kirsche, Eiche etc.)
Fleischthermometer
großes Schneidebrett
Alufolie

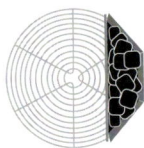

Ganzes Schweinefilet im Speckmantel mit Grilltomaten

FÜR 4 PORTIONEN

---

1 ganzes Schweinefilet, ca. 500–600 g

100 ml Weißwein

Meersalz

schwarzer Pfeffer aus der Mühle

100 g dünn aufgeschnittener Bauchspeck
  (alternativ Bacon)

1 Bund Schnittlauch

500 g Cocktailtomaten mit Strauch

INFO

//

Das Schweinefilet, auch Lende, Tenderloin oder Lungenbraten genannt, befindet sich auf beiden Seiten im Lendenbereich der Wirbelsäule. Da es beim lebendigen Tier kaum beansprucht wird, ist es besonders zart. Durch das Bardieren (Umwickeln) mit Speck bleibt das eher trockene Fleisch schön saftig und gesmokt ist das Filet ganz besonders lecker.

//

❶ Das Schweinefilet etwa 1–2 Stunden vor dem Grillen aus dem Kühlschrank nehmen. ❷ Den Grill für indirekte mittlere Hitze vorbereiten, hierbei ein Drittel des Kohlerostes mit glühenden Kohlen belegen. Neben die Kohlen eine Tropfschale auf den Kohlerost stellen. Die Schale mit etwas heißem Wasser und Weißwein füllen. Grill ca. 20 Minuten aufheizen lassen, bis das Thermometer ca. 200 °C anzeigt. ❸ Das zimmerwarme Schweinefilet parieren, das heißt von der Silberhaut und dem Fett befreien. Das Filet salzen und pfeffern, mit den Speckscheiben umwickeln und diese mit Zahnstochern feststecken. ❹ Wenn der Grill heiß ist, das Filet auf die indirekte Seite über die Tropfschale legen, ein Stück Räucherholz auf die Glut geben und mit geschlossenem Deckel etwa 45 Minuten bei ca. 170 °C garen. Die Temperatur mit den unteren Lüftungsschlitzen steuern, bis eine Kerntemperatur von 55 °C erreicht ist. ❺ Schnittlauch waschen, trocken schütteln und in Röllchen schneiden. Das Filet herausnehmen, mit Alufolie locker abdecken und ca. 5 Minuten ruhen lassen. Hierbei gart es noch etwas nach und sollte dann bei einer Kerntemperatur von 58 °C perfekt rosa sein. In dieser Zeit die Cocktailtomaten über direkter Hitze einige Minuten heiß anrösten. Zahnstocher aus dem Fleisch herausziehen und das Filet aufschneiden. Mit Schnittlauch bestreuen und mit je einem Bund Cocktailtomaten anrichten.

INFOS

GRILL	Kugelgrill
KOHLEN	Holzkohlebriketts von guter Qualität (z. B. proFagus Grillis, Greek Fire, Hotcoconut)
TEMPERATUR	mittlere Temperatur, ca. 200 °C
KERNTEMPERATUR	75 °C
VORBEREITUNGSZEIT	6–12 Stunden zum Marinieren
ZUBEREITUNGSZEIT	40 Minuten
GRILLZEIT	ca. 2 ½ Stunden
RUHEZEIT	10 Minuten

WERKZEUGE

scharfes Messer // Schneidebrett // Pfanne // Frischhaltebeutel mit
Zipverschluss // Lebensmittelgarn // Becher/Standmixer // Pinsel //
Küchenkrepp // Drehspieß // Fettschale // Kohlekorb

Spießbraten von der Schweineschulter

Spießbraten von der Schweineschulter

FÜR 4–6 PORTIONEN

1,5 kg entbeinte Schweineschulter
Meersalz
schwarzer Pfeffer aus der Mühle

Rotweinmarinade

1 Rosmarinzweig
300 ml Rotwein
8 EL Olivenöl
2 EL Zitronensaft
2 EL Senf
1 EL Oreganoblättchen
1 EL Thymianblättchen

Pesto rosso

50 g Walnüsse
120 g Radicchio
4 Knoblauchzehen
50 g Parmesan oder Pecorino
150 g getrocknete Tomaten in Öl
20 Basilikumblätter
150 ml Olivenöl
Meersalz
schwarzer Pfeffer aus der Mühle
1 EL Fenchelsamen

1 Die Schweineschulter so einschneiden, dass man sie zweimal aufklappen kann. Hierfür den Braten mit einem scharfen, langen Messer quer zur Faser fast bis zum Ende einschneiden, aber nicht durchschneiden. Auf der gegenüberliegenden Seite genauso verfahren und den Braten auf seine nun dreifache Größe aufklappen. Wenn man sich diese Operation nicht zutraut, wird das auch gern der Metzger erledigen. **2 Rotweinmarinade** Alle Zutaten mischen. Fleisch und Rotweinmarinade in einen Frischhaltebeutel mit Zipverschluss geben, die Luft herausdrücken und den Beutel fest verschließen. 6–12 Stunden im Kühlschrank marinieren. **3 Pesto rosso** Die Walnüsse kurz in einer Pfanne ohne Fett anrösten. Radicchioblätter waschen, trocken schütteln und grob zerkleinern. Den Knoblauch schälen und vierteln. Parmesan würfeln. Walnüsse, Radicchio und Knoblauch in ein Becherglas oder den Standmixer geben. Abgetropfte Tomaten, Basilikumblätter, Parmesan, das Olivenöl, je 1 TL Salz und Pfeffer zugeben und mixen, bis eine grobe Paste entstanden ist. Fenchelsamen unterrühren und mit Salz und Pfeffer abschmecken. **4** Nach dem Marinieren das Fleisch mit Küchenpapier abtupfen. Ein Stück Frischhaltefolie auf dem Fleisch ausbreiten und mit der Faust oder einem Fleischklopfer den Braten möglichst gleichmäßig flach klopfen. Die Innenseite salzen und pfeffern und mit dem Pesto bestreichen. Den Braten zusammenrollen und mit Lebensmittelgarn eng verschnüren. **5** Den Grill für den Spieß vorbereiten. Hierfür einen Kohlekorb mit guten, lange glühenden, vorgeglühten Briketts füllen und hinter dem Spieß am Rand des Grills platzieren. Hat man keinen Kohlekorb zur Hand, die Kohlen einfach auf den Grillrost hinter den Braten legen. Den Rollbraten so auf den Spieß stecken, dass er sich gleichmäßig drehen kann. Den Braten außen salzen und pfeffern. Eine Fettschale unter den Braten stellen und den Grillmotor anschalten. Den Grilldeckel auflegen und insgesamt ca. 2 ½ Stunden grillen. Wenn der Braten nach 30 Minuten schon schön gebräunt ist und keine verbrannten Stellen hat, ist die Temperatur richtig. Ist die Temperatur zu niedrig, den Kohlekorb etwas näher an den Braten schieben oder ein paar Briketts nachlegen. Ist die Temperatur zu hoch und der Kohlekorb kann nicht weiter nach hinten geschoben werden, ein paar Kohlen herausnehmen. **6** Nach 1 Stunde den herabgetropften Saft in der Schale mit 50 ml Wasser und ½ TL **Salz** verrühren und den Braten mit dem Sud einpinseln. Gegen Ende der Garzeit den Kohlekorb näher an den Braten schieben, um eine schöne Kruste zu erhalten. Gegebenenfalls noch ein paar Kohlen nachlegen, um mehr Hitze zu erzeugen, oder einen zweiten Kohlekorb mit vorgeglühten Kohlen vor dem Braten platzieren. Zeigt das Fleischthermometer 3 °C unter der gewünschten Kerntemperatur an, Kohlekörbe herausnehmen und den Braten noch 10 Minuten am Spieß drehend ruhen lassen. **7** Die Kerntemperatur wird um weitere 3–4 °C steigen und der Spießbraten wird perfekt saftig sein.

TIPP Dieser Rollbraten wird zart und saftig, wenn man ihn möglichst langsam gart. Wer es lieber etwas magerer haben möchte, nimmt statt der Schulter ein Stück aus der Keule.

INFOS

GRILL	Kugelgrill
KOHLEN	Holzkohle, Holzkohlebriketts
TEMPERATUR	direkte hohe Hitze, ca. 260–290 °C
VORBEREITUNGSZEIT	24 Stunden Marinierzeit
ZUBEREITUNGSZEIT	1 Stunde
GRILLZEIT	ca. 4–6 Minuten

WERKZEUGE

Holz- oder Metallspieße

Schale zum Marinieren

Schneidebrett

scharfes Messer

Pinsel zum Bestreichen

Souvlaki im Pitabrot

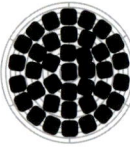

Souvlaki im Pitabrot

FÜR 6 PORTIONEN

Souvlaki

1 kg Schweinenacken, Schweineschnitzel
   oder -filet
100 ml Olivenöl
Saft von 2 Zitronen
2 EL getrockneter Oregano

Zum Bestreichen

100 g Butter
4 gepresste Knoblauchzehen
abgeriebene Schale von 1 Biozitrone
Meersalz
schwarzer Pfeffer aus der Mühle

Pitabrote und Belag

6 Pitabrote
Olivenöl
3 rote Zwiebeln
3 Tomaten
gehackte Petersilie

① Souvlaki Das Fleisch in 2 cm große Würfel schneiden. (Bei der Verwendung von Schweinenacken möglichst viel Fett und Sehnen entfernen.) Olivenöl, Zitronensaft und Oregano in einer Schale verrühren und das Fleisch einlegen, abgedeckt kühl stellen und nach ein paar Stunden wenden. Das Fleisch sollte von der Marinade gut bedeckt sein. **② Zum Bestreichen** Am Grilltag die Holzspieße ca. 1 Stunde in Wasser einlegen. Die Butter mit gepresstem Knoblauch, Zitronenabrieb, Salz und Pfeffer vermischen. Das Fleisch auf die Spieße stecken. Den Grill für direkte hohe Hitze vorbereiten. Spieße abtropfen lassen, etwas abtupfen und salzen. Filet oder Oberschale 3–4 Minuten von allen Seiten direkt heiß grillen. Schweinenacken 5–6 Minuten grillen. Den Grilldeckel nach dem zügigen Wenden der Spieße immer wieder schließen. So entstehen keine Flammen und das Fleisch gart schneller. **③ Pitabrote und Belag** Die Pitabrote eventuell mit etwas Olivenöl bestreichen und 1–2 Minuten grillen. Zwiebeln schälen und in feine Ringe schneiden. Tomaten waschen, putzen und in Scheiben schneiden. Zum Servieren die Spieße mit Knoblauchbutter bestreichen und im Pitabrot mit Zwiebelringen, Tomatenscheiben und etwas Petersilie anrichten. Zu Souvlaki im Pitabrot schmeckt Zaziki (Seite 300).

TIPP Welches Fleisch man für die leckeren Griechenspieße verwendet, ist Geschmackssache. Der Klassiker wird mit Schweinefleisch zubereitet. Wer es gern etwas fettiger mag, greift zu Schweinenacken, zarter und magerer sind Hüfte oder natürlich Filet. Statt Pitabrot kann man Ciabatta verwenden oder, noch besser, die Brotfladen von der Grillplatte (Seite 248).

Bratwurst
selbst gemacht

INFOS

GRILL	Kugelgrill, Gasgrill
KOHLEN	Holzkohle, Holzkohlebriketts
TEMPERATUR	direkte mittlere Hitze, ca. 200 °C
KERNTEMPERATUR	75 °C
VORBEREITUNGSZEIT	4 Stunden zum Anfrieren des Fleisches
ZUBEREITUNGSZEIT	1 Stunde
GRILLZEIT	12–15 Minuten

WERKZEUGE

Fleischwolf mit feiner Scheibe // Wurstaufsatz mit ca. 20/26-mm-Wursttülle oder Wurstfüller // 2 Rührschüsseln aus Edelstahl // 1 kleine Schüssel oder Tasse für den Darm // Latexhandschuhe // Mörser // scharfe Schere // 1 feine Waage (0,1-Gramm-genau)

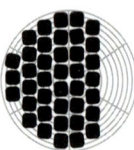

Bratwurst selbst gemacht

FÜR 18 DÜNNE ODER 10 DICKE WÜRSTE

750 g Schweineschulter

250 g sehr fetter Schweinebauch

ca. 3 m Schafsdarm (18 dünnere
 Würste) oder 2 m Schweinedarm
 (10 dickere Würste)

18–20 g Meersalz

4–5 g schwarzer Pfeffer

1 g Kümmel

0,5–1 g Muskatnuss oder Macis

3 g Majoran

1 Beim Wursten sollten sämtliche Zutaten und Utensilien so kalt wie möglich sein. Dafür die verarbeitenden Teile des Fleischwolfes (Füllwanne, Schnecke, Messer etc.) und die Edelstahlschüssel, die später zum Vermengen der gewolften Wurstmasse gebraucht wird, für etwa 1 Stunde in den Gefrierschrank legen. Das Fleisch und den Schweinebauch in Würfel schneiden und im Gefrierschrank 3–4 Stunden anfrieren lassen. **2** Den Darm gründlich waschen und innen ausspülen. Den gewaschenen Darm sorgfältig in eine Schüssel oder Tasse mit kaltem Wasser legen, dabei den Anfang des Darmes etwas über den Schüsselrand hängen lassen. (Auf diese Art und Weise muss man nicht nach dem Anfang suchen, was verheerend enden kann. Wenn der Darm erst mal heillos verknotet ist, ist es sehr schwer, ihn wieder zu entwirren.) **3** Das angefrorene Fleisch in eine Schüssel geben. Die Gewürze abwiegen, zugeben und mit dem Fleisch vermengen. Die Masse durch die feine Scheibe des Fleischwolfes in die kalte Rührschüssel aus dem Gefrierfach drehen. Latexhandschuhe anziehen und die Masse intensiv durchmengen, bis ein relativ feines Wurstbrät entstanden ist. **4** Den Fleischwolf zum Wurstfüller umbauen oder einen speziellen Wurstfüller aufstellen. Den Darmanfang über die Spitze der Wursttülle stülpen. Den Darm so weit auf die Wursttülle streifen, bis nichts mehr draufgeht. Ist der Darm länger, mit einer scharfen Schere abschneiden. Etwa 4 cm des Darmendes von der Wursttülle herunterhängen lassen. Nun den Fleischwolf oder den Wurstfüller dicht mit dem Brät befüllen, sodass möglichst keine Lufteinschlüsse bleiben. Fleischwolf einschalten, das Brät in den Wolf pressen und so lange laufen lassen, bis das Brät den Ausgang der Tülle erreicht hat. Den Fleischwolf ausschalten und das Darmende so zuknoten, dass keine Luftblase entsteht. Den Fleischwolf wieder einschalten und den ganzen Darm gleichmäßig mit dem Brät befüllen. Luftblasen vermeiden und darauf achten, dass kein Stau entsteht.

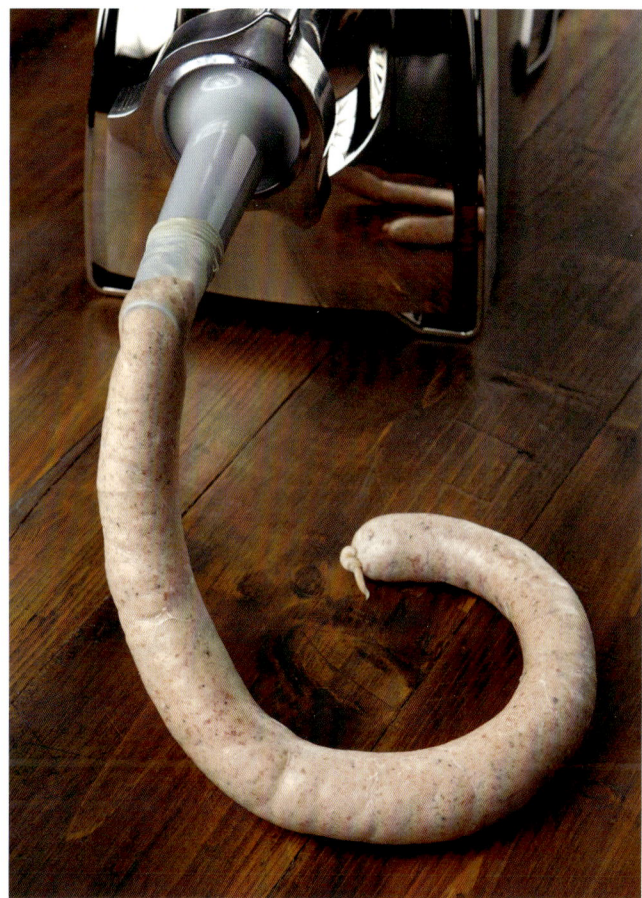

„Das braucht ein klein wenig Übung, aber man hat schnell den Bogen raus! Am besten geht das natürlich zu zweit: Der eine presst das Brät in den Wolf, der andere formt die Wurst. Mit dem Wurstfüller arbeitet man besser allein."

5 Den Darm auf der Tülle eventuell hin und wieder mit Wasser befeuchten. Ist der ganze Darm verbraucht, das Ende zuknoten. Die jetzt entstandene Wurstschlange mit beiden Händen am Ende umfassen, etwa eine Handbreit abmessen und mit vier bis fünf Umdrehungen eine Wurst abdrehen. **6** Mit dem Rest der Wurstschlange genauso verfahren, dabei immer in die gleiche Richtung drehen. Würste einzeln, in Paaren oder nach Wunsch abschneiden und zeitnah grillen oder braten. **7** Den Grill für mittlere Hitze vorbereiten und zwei Drittel des Kohlerostes mit glühenden Kohlen belegen. Bratwürste auf den Grillrost legen und direkt 12–15 Minuten heiß grillen, dabei alle 2 Minuten wenden. Nicht zu lange grillen! Die Würste sollen saftig sein und nicht austrocknen. Fertig gegrillte Würste auf die indirekte Seite ziehen. Hat man eine kleine Grilltonne (Seite 319), kann man die Würste dort warm halten und auch gleich zum Tisch transportieren.

INFO

///

Es ist gar nicht schwer, Bratwurst selbst zu machen! Einen Fleischwolf mit Wursttülle bekommt man schon für kleines Geld und für gelegentliches Wursten reicht dieser allemal aus. Für ambitionierte Griller lohnt sich die Investition auf jeden Fall, denn auch für alle anderen Hackfleischgerichte wie Burger, Buletten, Aufläufe und Kufta empfiehlt es sich unbedingt, das Fleisch selbst zu wolfen und frisch zu verarbeiten. Das vorliegende Rezept ist ein Grundrezept für eine klassische grobe Bratwurst. Wichtig ist dabei ein Fettgehalt von rund 30 Prozent.

///

01 BRUST
02 KEULE
03 FLÜGEL

Die für den Grill relevanten Teile des Huhnes sind die Brust, die Keulen und die Flügel.

Die Hühnerbrust eignet sich als ganzes Stück, zum Füllen oder gewürfelt für schnelle Spieße gut zum Grillen. Aufgeschnitten und aufgefaltet wird sie zur Roulade. Brustfleisch lässt sich sehr gut und schnell marinieren, wodurch die unterschiedlichsten Geschmacksrichtungen möglich sind.

Das Fleisch der Hühnerkeulen ist dunkler, fetter und saftiger als das Fleisch der Hühnerbrust. Hühnerschenkel kommen entweder als Ganzes in den Handel oder geteilt in Ober- und Unterschenkel. Die Unterschenkel werden auch Drums oder Drumsticks genannt und sind auch ausgelöst, also ohne Knochen erhältlich. Hähnchenschenkel sollten heiß direkt angegrillt werden und indirekt fertig garen. Ausgelöst können sie wesentlich schneller und direkt gegrillt werden.

Hähnchenflügel sollte man kräftig würzen oder marinieren, dann indirekt mit oder ohne Rauch garen und am Ende über direkter Glut knusprig brutzeln.

Ente Die im deutschen Handel vornehmlich erhältlichen Entenrassen sind die Pekingente, die Moschusente, die Barbarie- oder Warzenente und die Mulardenente, eine Hybridform von Warzen- und Pekingente. Je nach Mastdauer, Geschlecht und Rasse wiegen die Vögel zwischen 2 und 5 Kilo. Entenfleisch ist im Vergleich zu Hühnerfleisch wesentlich fetthaltiger und wird hierbei nur noch von der Gans getoppt. Allerdings schmeckt es dadurch auch intensiver und würziger. Wie auch beim Hühnchen wird Entenfleisch als ganzes Tier oder zerlegt in Brust und Keule im Handel angeboten und eignet sich hervorragend zum Grillen, wobei das indirekte Grillen zu bevorzugen ist. Ganze Enten sind perfekt für den Spieß geeignet.

DIE BESTEN
GRILLREZEPTE
MIT
GEFLÜGEL

Pute oder Truthahn Die Pute ist die domestizierte Form des nordamerikanischen Truthahns und seit dem 16. Jahrhundert in Europa verbreitet. Putenfleisch ist fett- und kalorienarm und hat von allen Geflügelsorten den höchsten Proteingehalt. Die Putenbrust eignet sich gut als Rollbraten, für Rouladen, zum Füllen im Ganzen oder klein geschnitten als Spießfleisch. Die fettere, aber auch würzigere Keule sollte indirekt gegrillt, geschmort und/oder geräuchert werden.

Da Puten ein stattliches Gewicht von bis zu 15 Kilo erreichen können, spielen sie in der industriellen Geflügelmast eine entscheidende Rolle, was zu einer stark überhöhten Antibiotikabelastung im Fleisch führen kann. Auch eine ethisch vertretbare Haltung dieser Tiere ist zweifelhaft, weshalb ich von billigem Putenfleisch beim Discounter oder anderen Billigangeboten abrate.

KRÄUTER, GEWÜRZE UND ÖLE

Zu Geflügel passen viele leckere Kräuter, Gewürze und Öle. Diese hier besonders gut:

- Rosmarin
- Salbei
- Petersilie
- Koriander
- Thymian
- Oregano
- Minze
- Basilikum
- Beifuß
- Knoblauch
- Zitrone/Limette
- Chili
- frischer Pfeffer

- Szechuanpfeffer
- Zimt
- Orangen
- Koriandersamen
- Sojasauce
- Ingwer
- Kreuzkümmel
- Paprika
- Kümmel
- Curry
- Olivenöl, Walnussöl, Sesamöl, Butter

Hähnchenrouladen mit Schafskäse und Salbei

INFOS

GRILL	Kugelgrill	**WERKZEUGE**
KOHLEN	Holzkohle, Holzkohlebriketts	Grillpfanne
TEMPERATUR	direkte und indirekte mittlere Hitze, ca. 170–230 °C	scharfes Messer Schneidebrett
KERNTEMPERATUR	durchgebraten 72 °C	Zahnstocher oder
ZUBEREITUNGSZEIT	40 Minuten	Lebensmittelgarn
GRILLZEIT	25 Minuten	
RUHEZEIT	5 Minuten	

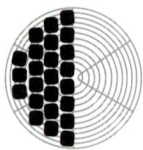

Hähnchenrouladen mit Schafskäse und Salbei

FÜR 6 PORTIONEN

---

6 Hähnchenbrustfilets à 150–200 g

3 rote Spitzpaprika

Meersalz

200 g Feta-Schafskäse

1 Chilischote

schwarzer Pfeffer aus der Mühle

24 Salbeiblätter

gehackte Petersilie zum Anrichten

1 Den Grill für indirekte mittlere Hitze auf etwa 170–230 °C vorbereiten. Die Hälfte des Kohlerostes mit glühenden Kohlen belegen. Hähnchenbrustfilets mit einem scharfen Messer längs in der Mitte einschneiden, sodass man sie auf die doppelte Größe auffalten kann. **2** Die Paprikaschoten waschen, putzen, längs in dünne Streifen schneiden und in der Grillpfanne ca. 10 Minuten scharf anbraten. Dann leicht salzen und beiseitestellen. Den Feta zerbröseln. Die Chilischote entkernen, fein hacken und unter den Feta mischen. **3** Die Hähnchenbrustfilets innen salzen und pfeffern. In dieser Reihenfolge belegen: jeweils vier Blätter Salbei, Feta und die angebratene Paprika. Dann die Rouladen fest zusammenrollen und mit Zahnstochern verschließen. Alternativ mit Lebensmittelgarn zubinden. **4** Die Rouladen direkt ca. 10 Minuten heiß grillen, dabei häufig wenden, bis sie ringsum schön gebräunt sind. Dann die Rouladen auf die indirekte Seite des Grills legen, den Deckel schließen und ca. 15 Minuten fertig garen. Kurz ruhen lassen und mit Petersilie bestreut servieren.

TIPP Wer Hühnerbrust mal so richtig saftig haben möchte, der sollte dieses Rezept ausprobieren. Hat man keine Grillpfanne zur Hand, kann man die Paprika auch einfach komplett auf dem Grill anrösten und dann in Streifen schneiden.

INFOS

GRILL	Kugelgrill
KOHLEN	Holzkohle, Holzkohlebriketts
TEMPERATUR	direkte und indirekte mittlere Hitze, 170–230 °C
KERNTEMPERATUR	80 °C
VORBEREITUNGSZEIT	mindestens 2 Stunden Marinierzeit
ZUBEREITUNGSZEIT	30 Minuten
GRILLZEIT	1 Stunde 10 Minuten

WERKZEUGE

feine Gemüsereibe (für den Ingwer)

kleiner Topf

feuerfeste Form oder Aluschale

Bratpfanne mit feuerfestem Griff, am
besten aus Edelstahl

scharfes Messer

eventuell Fleischthermometer

Hähnchenkeulen mit Rhabarberbutter und grünem Spargel

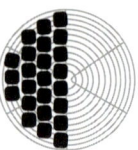

Hähnchenkeulen mit Rhabarberbutter und grünem Spargel

FÜR 6 PORTIONEN

1 Bund grüner Spargel

Meersalz

brauner Zucker

Saft von ½ Zitrone

1 Stange Rhabarber

Saft von 1 Orange

1 EL frisch geriebener Ingwer

1 EL Honig

125 g zimmerwarme Butter

schwarzer Pfeffer aus der Mühle

6 Hähnchenkeulen mit Haut

1 in Spalten geschnittene Biozitrone

Olivenöl zum Braten

6–8 Thymianzweige

1 Den Spargel putzen, mit etwas Salz und Zucker bestreuen und mit dem Zitronensaft beträufeln. Den Spargel mindestens 1–2 Stunden, besser aber länger in der Marinade ziehen lassen. **2** Den Grill für indirekte mittlere Hitze vorbereiten. Die Hälfte des Kohlerostes mit glühenden Kohlen belegen. **3** Rhabarber waschen, putzen und in 1 cm dicke Scheiben schneiden. Rhabarber, Orangensaft, Ingwer und Honig in einen kleinen Topf geben und auf dem Grill möglichst nah über den glühenden Kohlen etwa 5 Minuten köcheln lassen, bis der Rhabarber weich ist. Dann die Flüssigkeit abgießen und beiseitestellen. Rhabarber mit der Butter vermischen, salzen, pfeffern und die Rhabarberbutter gleichmäßig unter der Haut der Hähnchenkeulen verteilen. Die Hähnchenkeulen mit den Zitronenspalten in eine geölte Edelstahlpfanne legen, mit Thymianzweigen belegen und mit dem beiseitegestellten Rhabarbersud beträufeln. **4** Die Pfanne auf die indirekte Seite des Grills stellen, den Deckel schließen und die Hähnchenkeulen etwa 1 Stunde bei 180 °C grillen bzw. so lange, bis die Kerntemperatur 80 °C beträgt. Der Temperaturfühler des Thermometers sollte an der dicksten Stelle, aber nicht am Knochen eingesteckt werden. **5** Wenn die Hähnchenkeulen gar sind, den Spargel etwa 10 Minuten von allen Seiten direkt heiß angrillen. Die Hähnchenkeulen mit dem Spargel auf vorgewärmten Tellern anrichten und servieren.

INFO

//

Theoretisch eignet sich eine gusseiserne Pfanne sehr gut für dieses Gericht, weil sie perfekt die Hitze speichert. Allerdings ist wegen des Rhabarbers viel Fruchtsäure im Spiel, die in Verbindung mit Gusseisen einen stark metallischen Geschmack erzeugt. Deshalb empfehle ich hier lieber eine Edelstahlpfanne.

//

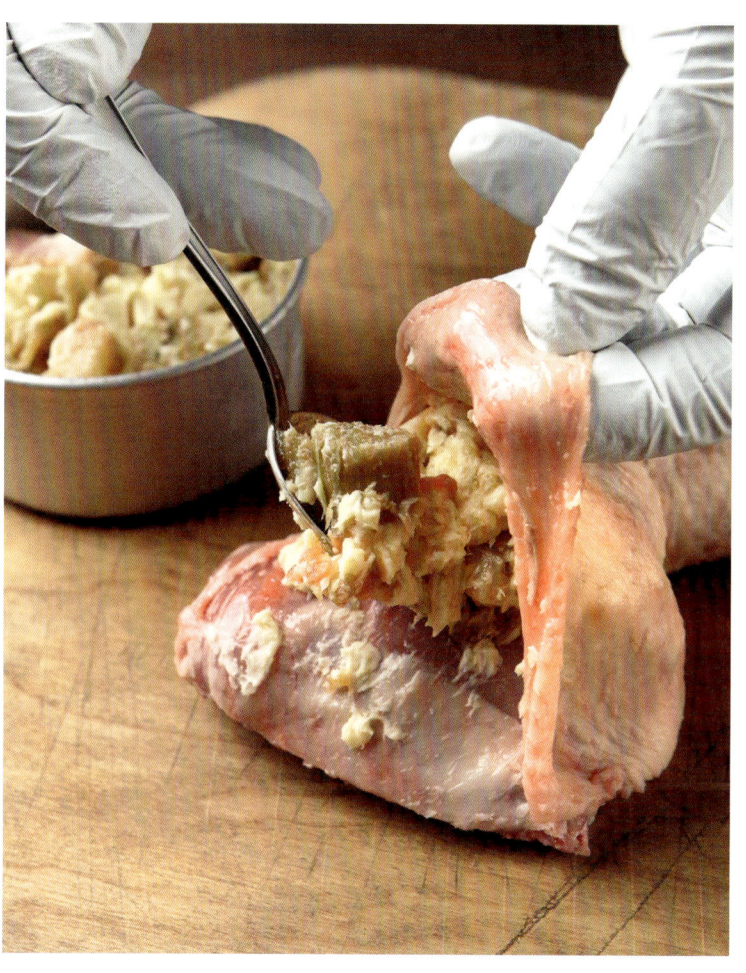

INFO

//

Die Rhabarbersaison geht von April bis Ende Juni, wobei der Volksmund das Ende der Saison sogar ganz konkret bestimmt: nämlich die Sommersonnenwende am 21. Juni. Über die Grillsaison sagt der Volksmund bisher noch nichts Genaues, aber der Rhabarber passt auf jeden Fall in das Zeitfenster. Dass Zitrusfrüchte gut zu Hühnchen passen, ist ja vielleicht schon dem einen oder anderen bekannt. Und obwohl der Rhabarber, dessen Name sich aus dem lateinischen Wort für „Barbarenwurzel" entwickelt hat, kein Obst, sondern ein Gemüse ist, hat er doch durch seine fruchtige Säure eine gewisse Ähnlichkeit mit Zitrone und Co. Deshalb ist das ein leckeres Rezept, das unter die Haut geht!

//

Entenbrust mit
Orangenkruste

INFOS

GRILL	Kugelgrill	**WERKZEUGE**	
KOHLEN	Holzkohle, Holzkohlebriketts	Kohlekorb	
TEMPERATUR	direkte und indirekte mittlere Hitze, ca. 200 °C	Tropfschale oder Alufolie	
KERNTEMPERATUR	60–62 °C	sehr scharfes Messer	
VORBEREITUNGSZEIT	1 Stunde zum Temperieren	Schneidebrett	
ZUBEREITUNGSZEIT	20 Minuten	Zestenreißer oder feine Reibe	
GRILLZEIT	15 Minuten	Pinsel zum Bestreichen	
RUHEZEIT	3–5 Minuten	eventuell Fleischthermometer	
		eventuell Grilltonne oder Zweitgrill	

Entenbrust mit Orangenkruste

FÜR 4 PORTIONEN

---

4 Entenbrüste à 300 g

abgeriebene Schale von 2 Bioorangen

1 EL Honig

2 EL frisch gepresster Orangensaft

1 EL Öl

Meersalz

schwarzer Pfeffer aus der Mühle

1 Die Entenbrüste aus dem Kühlschrank nehmen und etwa 1 Stunde abgedeckt Zimmertemperatur annehmen lassen. **2** Den Grill für indirekte mittlere Hitze vorbereiten. Hierfür ca. 30 glühende Holzkohlebriketts auf einer Seite des Grills anhäufen oder in einen Kohlekorb füllen. Auf die freie Seite des Kohlerostes eine Tropfschale stellen. Alternativ Alufolie auslegen. Den Deckel schließen und den Grill 15 Minuten aufheizen lassen. **3** Die Haut der Entenbrüste mit einem sehr scharfen Messer rautenförmig einschneiden. Orangen-abrieb, Honig und Orangensaft verrühren. Die Entenbrüste von allen Seiten leicht einölen und mit der Hautseite zuerst direkt heiß angrillen. Wenn die Haut nach ca. 4 Minuten gut angeröstet ist, die Entenbrüste wenden und weitere 2 Minuten direkt grillen. Dann die Entenbrüste auf die indirekte Seite legen, die Hautseite salzen und pfeffern, mit der Orangen-Honig-Sauce bepinseln und nun weitere 8–10 Minuten bei geschlossenem Deckel gar ziehen lassen. Sobald die Kern-temperatur 58 °C erreicht hat, die Entenbrüste herausnehmen und an einem warmen Ort (Zweitgrill, Grilltonne) 3–5 Minuten ruhen lassen. Die Kerntemperatur wird noch um etwa 2 °C steigen und das Fleisch wird perfekt rosa sein. Die Entenbrüste quer zur Faser in etwa 1 cm dicke Scheiben schneiden und servieren. **4** Dazu passt Kartoffelgratin (Seite 269).

INFO

Entenbrust besitzt einen hohen Fettanteil, der zum Großteil direkt unter der Haut sitzt. Dadurch wird die Haut bei der Zubereitung schön knusprig und das Fleisch bleibt zart. Die meisten Enten, die man bei uns im Handel findet, sind Pekingenten, eine Zuchtform der Stockente. Ebenfalls weitverbreitet ist die Barbarieente. „Barbarieente" klingt schon mal besser als „Warzenente", was die deutsche Bezeichnung für diese Sorte Geflügel ist. Trotzdem handelt es sich um das gleiche Tier, eine Zuchtform der Moschusente.

Smoky Hot Chickenwings

INFOS

GRILL	Kugelgrill
KOHLEN	Holzkohle, Holzkohlebriketts
TEMPERATUR	direkte und indirekte hohe Hitze, ca. 250 °C
KERNTEMPERATUR	80 °C
VORBEREITUNGSZEIT	1 Stunde Marinierzeit
ZUBEREITUNGSZEIT	10 Minuten
GRILLZEIT	45 Minuten

WERKZEUGE

Frischhaltebeutel mit
Zipverschluss oder
Glasschale
1–2 Stück Räucherholz

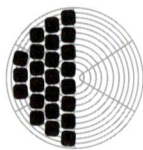

Smoky Hot Chickenwings

FÜR 4–6 PORTIONEN

4 EL Olivenöl

2 EL Sesamöl

1 EL Chilipulver

1 EL edelsüßes Paprikapulver

1 EL Meersalz

1 EL Zwiebelpulver

3 EL Honig oder Ahornsirup

6 EL Orangensaft

20 Chickenwings

1 Alle Zutaten für die Marinade gut durchmischen. Die Marinade in einen Frischhaltebeutel mit Zipverschluss füllen, die Chickenwings zugeben, gründlich mit der Marinade vermischen und fest verschließen. Chickenwings 1 Stunde oder auch etwas länger kühl stellen und ziehen lassen.

2 Grill für indirekte hohe Hitze vorbereiten. Hierfür die Hälfte des Kohlerostes mit glühenden Kohlen belegen. Um mehr Platz auf dem Grill zu erhalten, kann man auch nur ein Drittel des Kohlerostes belegen, allerdings mit der gleichen Menge Kohlen. Ein Stück Räucherholz auf die Kohlen legen und die Chickenwings auf der indirekten Seite des Grills 35 Minuten heiß räuchern. Das Grillthermometer sollte 250 °C anzeigen. Dann die Chickenwings auf die direkte, heiße Seite des Grillrostes ziehen und 10 Minuten knusprig grillen.

Hühnerbrust hot 'n' spicy

INFOS

GRILL	Kugelgrill, einfacher Standgrill	**WERKZEUGE**
KOHLEN	Holzkohle, Holzkohlebriketts	Schneidebrett
TEMPERATUR	direkte und indirekte hohe Hitze, ca. 260 °C	scharfes Messer
KERNTEMPERATUR	72 °C	Schüssel
VORBEREITUNGSZEIT	1 Stunde Marinierzeit	
ZUBEREITUNGSZEIT	15 Minuten	
GRILLZEIT	8–10 Minuten	

Hühnerbrust hot 'n' spicy

FÜR 4 PORTIONEN

4 Hähnchenbrustfilets

2–3 scharfe Chilischoten

4 Knoblauchzehen

5 EL Balsamico-Essig

2 gehäufte EL fein gehackte
  Salbeiblätter

2 TL brauner Zucker

4 EL Olivenöl

Öl für den Rost

Meersalz

❶ **Hähnchenbrustfilets** der Länge nach durchschneiden, sodass acht möglichst gleich große Stücke entstehen. **Chilischoten** entkernen und fein hacken. **Knoblauch** schälen und sehr klein schneiden. **Balsamico-Essig,** Chili, Knoblauch, **Salbei, Zucker** und **Olivenöl** verrühren und die Hähnchenbrustfilets etwa 1 Stunde darin einlegen. Das Fleisch gelegentlich in der Marinade wenden. ❷ Den Grill für indirekte hohe Hitze vorbereiten. Etwa zwei Drittel des Kohlerostes mit glühenden Kohlen belegen. Der Grillrost muss sauber sein und sollte leicht **eingeölt** werden, da die marinierten Hähnchenbrustfilets sehr zart sind, leicht anhaften und sonst beim Wenden zerreißen. ❸ Die Hähnchenbrustfilets **salzen** und auf den Grillrost legen, kleinere Stücke zuletzt. Das Fleisch direkt ca. 8–10 Minuten heiß grillen. Dabei darauf achten, die Fleischstücke gleich richtig auf dem Rost zu platzieren. Wenn sie erst mal auf dem Rost liegen, kann man sie erst wieder nach 3 Minuten bewegen. Fertig gegarte Stücke auf die indirekte Seite des Grills ziehen. Dazu passt ein frischer grüner Salat oder Bulgursalat (Seite 270).

TIPP Durch den enthaltenen Essig ist die Marinade sehr aktiv, deshalb sollte man die Hühnerbrüste nur 1 Stunde, maximal 2 Stunden einlegen.

Chickendrums Teriyaki

INFOS

GRILL	Kugelgrill, Gasgrill
KOHLEN	Holzkohle, Holzkohlebriketts
TEMPERATUR	direkte mittlere Hitze, ca. 200 °C
KERNTEMPERATUR	80 °C
VORBEREITUNGSZEIT	2 Stunden Marinierzeit
ZUBEREITUNGSZEIT	20 Minuten
GRILLZEIT	12 Minuten

WERKZEUGE

kleiner Topf

möglichst lange Spieße

Schüssel zum Marinieren

Pinsel zum Bestreichen

Chickendrums Teriyaki

FÜR 6 PORTIONEN

---

160 ml Sojasauce

160 ml Mirin (japanischer
    süßer Reiswein)

80 ml Reisessig (alternativ
    verdünnte Essigessenz)

160 ml Sake (alternativ
    halbtrockener Riesling)

2 EL brauner Zucker

4 EL Sesamöl (nach Geschmack
    auch Oliven- oder Pflanzenöl)

24 ausgelöste Hühnerkeulen

1 Alle Zutaten für die Teriyakimarinade in einen kleinen Topf geben und bei kleiner Flamme auf etwa die Hälfte reduzieren, bis eine siruppartige Konsistenz erreicht ist. Abkühlen lassen. Die Hühnerkeulen möglichst flach auf Spieße stecken und in der abgekühlten Teriyakimarinade ca. 2 Stunden marinieren. **2** Den Grill für direkte mittlere Hitze vorbereiten und aufheizen. Hierfür den gesamten Kohlerost mit glühenden Kohlen belegen. **3** Die Spieße etwas abtropfen lassen und bei ca. 200 °C 10–12 Minuten direkt grillen. Nach 5 Minuten Grillzeit mit der Marinade bestreichen. **4** Zu Chickendrums Teriyaki passt Reissalat (Seite 280) sehr gut.

TIPP Durch das Marinieren in der würzigen Teriyakisauce werden die ohnehin schon zarten Hühnerkeulen noch weicher und mürber. Die Teriyakimarinade passt auch gut zu anderen Fleischsorten wie Schwein und Rind. Aber Vorsicht, die Marinade ist sehr aktiv! Für Hühnerfleisch reichen 2 Stunden Marinierzeit völlig aus.

Ganzes Huhn
im Grill

GRILL	Kugelgrill	**WERKZEUGE**
KOHLEN	Holzkohlebriketts	Schale zum Einreiben
TEMPERATUR	indirekte mittlere Hitze, ca. 170–190 °C	Pinsel zum Bestreichen
KERNTEMPERATUR	durchgebraten 85 °C	Geflügelhalter mit
VORBEREITUNGSZEIT	ca. 30 Minuten	Auffangschale
ZUBEREITUNGSZEIT	10 Minuten	Fleischthermometer
GRILLZEIT	ca. 2 Stunden	Geflügelschere

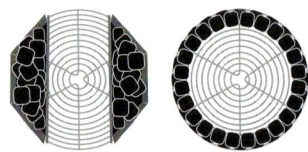

Ganzes Huhn im Grill

1 EL Paprikapulver

1 gestrichener TL Chilipulver

1 EL Meersalz

1 TL schwarzer grob gemahlener Pfeffer

2 EL Zitronensaft

1 ganzes Huhn, ca. 1,5 kg (möglichst bio)

1 Biozitrone

1 EL Butter

1 Zuerst sollte man prüfen, ob der Grilldeckel sich noch schließen lässt, wenn das Huhn aufrecht darin steht. Die Option, den Grillrost zu verstellen, ist unverständlicherweise nicht bei jedem Grill gegeben. Deshalb schon beim Einkauf auf die passende Größe des Huhnes achten! Paprikapulver, Chilipulver, Salz und Pfeffer in einer Schale oder Schüssel vermengen und das mit etwas Zitronensaft leicht angefeuchtete Huhn außen und innen mit der Mischung gut einreiben. **2** Den Grill für indirekte Hitze vorbereiten (170–190 °C). Bei der Verwendung von Kohlekörben zwei Körbe mit vorgeglühten Briketts füllen und rechts und links im Grill platzieren. Wesentlich gleichmäßiger arbeitet jedoch ein Glutring! Den Grill ca. 15 Minuten aufheizen. **3** Die Zitrone heiß abwaschen und vierteln. Die Zitronenviertel, etwas Salz und die Butter in die Schale des Geflügelhalters legen und das mit der Würzmischung eingeriebene Huhn auf den Halter stecken. Das Huhn in der Mitte des Grills zwischen die beiden Kohlekörbe stellen und das Fleischthermometer an der dicksten Stelle der Keule einstechen. Dabei darauf achten, dass der Temperaturfühler nicht den Knochen berührt, weil das die Kerntemperatur verfälschen würde. **4** Den Deckel schließen und die Temperatur einregeln, dazu die Lüftungsklappen zuerst einen Spaltbreit geöffnet lassen. Wird der Grill zu heiß, also weit über 200 °C, muss man Kohlen herausnehmen. Wird er nicht heiß genug, zuerst die Lüftung ganz öffnen, und wenn das immer noch nicht reicht, sollte man vorgeglühte Kohlen nachlegen. Nach etwa 1 ½ Stunden das Huhn mit der sich in

der Schale des Geflügelhalters angesammelten Zitronenbutter begießen. (Achtung! Begießt man das Huhn zu früh
oder zu oft, wird die Haut nicht knusprig.) **5** Nach ca.
2 Stunden – bzw. wenn die Kerntemperatur 85 °C erreicht
hat – das Huhn herausnehmen, zerteilen und servieren. Dazu
kann man die Zitronenbutter als gehaltvollen Dip reichen.

TIPP Es ist gar nicht schwer, ein
ganzes Huhn zu grillen. Dafür wird es
einfach aufrecht auf einen Geflügel-
halter gestellt, den man schon für
wenig Geld kaufen kann, und dann wird
das Huhn indirekt gegrillt. Von der
beliebten, weil lustigen Variante mit
der Bierdose (Bierdosenhühnchen, Beer
Can Chicken) würde ich übrigens abraten. Einen angeblich durch das Bier
bewirkten geschmacklichen Unterschied
konnte ich bisher nicht feststellen.
Und ob eine lackierte Dose im heißen
Grill wirklich gesundheitsfördernd ist,
wage ich mal zu bezweifeln. Bei den
Gewürzen darf man natürlich kreativ
sein und eigene Würzmischungen ausprobieren. Auch die Rubs von Seite 78
und 82 eignen sich hervorragend.

Caesar Salad

INFOS

GRILL	Kugelgrill
KOHLEN	Holzkohle, Holzkohlebriketts
TEMPERATUR	indirekte und direkte hohe Hitze, ca. 260 °C
KERNTEMPERATUR	72 °C
ZUBEREITUNGSZEIT	45 Minuten
GRILLZEIT	Fleisch 8–10 Minuten, Brot 5–6 Minuten

WERKZEUGE

Becherglas // Stabmixer // Salatschüssel // Messer // Schneidebrett //
eventuell Fleischthermometer

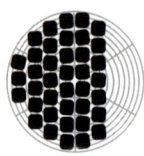

Caesar Salad

FÜR 4–6 PORTIONEN

Dressing

2 sehr frische Eigelb

Saft von ½ Zitrone

2 Knoblauchzehen

weißer Pfeffer aus der Mühle

ca. 1 TL Worcestersauce

250 ml Öl (Sonnenblumen-, Raps-
  oder Olivenöl)

3 Sardellenfilets

Meersalz

Salat und Hähnchen

3 Köpfe Baby-Romanasalat

3 Hähnchenbrustfilets

Olivenöl

Meersalz

schwarzer Pfeffer aus der Mühle

2 Knoblauchzehen

4 Scheiben Weißbrot

50 g gehobelter Parmesan

❶ Den Grill für indirekte hohe Hitze vorbereiten. Hierfür zwei Drittel des Kohlerostes mit glühenden Kohlen belegen. ❷ **Dressing** Für das Dressing Eigelbe, Zitronensaft, geschälte Knoblauchzehen, Pfeffer und Worcestersauce in ein hohes Becherglas geben, in das der Stabmixer gerade so hineinpasst. Alles gut mixen. Das Öl tropfenweise zugeben, bis die Masse etwas andickt. Nun kann man unter ständigem Mixen so viel Öl zufügen, bis die Mayonnaise die gewünschte Konsistenz hat. Zum Schluss die Sardellenfilets dazugeben und nur kurz zerkleinern. Das Dressing mit Worcestersauce, Salz und weißem Pfeffer abschmecken. ❸ **Salat und Hähnchen** Salat gründlich waschen, den bitteren Strunk entfernen und die Blätter in breite Streifen schneiden. Die Hähnchenbrustfilets längs halbieren, dünn mit etwas Olivenöl einreiben, salzen und pfeffern. Die Knoblauchzehen längs halbieren. Die Hähnchenbrustfilets pro Seite ca. 4–5 Minuten heiß grillen und dann für ca. 3 Minuten auf die indirekte Seite legen. Das Fleischthermometer sollte eine Kerntemperatur von 72 °C anzeigen. ❹ Die Brotscheiben von beiden Seiten kräftig anrösten. Hähnchenbrustfilets in mundgerechte Stücke schneiden. Geröstete Brotscheiben mit den halbierten Knoblauchzehen abreiben und in Würfel schneiden. Den Salat mit dem Dressing und dem Parmesan mischen, das Fleisch und die Brotwürfel unterheben oder auf dem Salat anrichten.

INFO

//

Der Caesar Salad, der nach dem Italo-Amerikaner Cesare Cardini benannt ist, gehört schon seit dem Jahr 1924 zu den absoluten Klassikern in den Küchen der USA. Das Grundrezept besteht immer aus Römersalat, Parmesan und Croûtons und kann mit weiteren Zutaten ergänzt werden. Hier die weitverbreitete Variante mit gebratener Hühnerbrust.

//

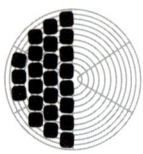

Hühnerschenkel mit Korianderkruste

FÜR 4 PORTIONEN

Saft und abgeriebene Schale von
   1 Biozitrone
2 EL gemörserte Koriandersamen
½ TL schwarzer Pfeffer
1 TL brauner Zucker
2 EL Sonnenblumenöl
8 ausgelöste Hühnerschenkel
Öl für den Rost
Meersalz

1 Zitronensaft und -abrieb, Koriander, Pfeffer, Zucker und Sonnenblumenöl in einer Schüssel vermischen. Die ausgelösten Hühnerschenkel zugeben und 1 Stunde marinieren. Dabei ab und zu durchmengen. **2** Den Grill für indirekte hohe Hitze vorbereiten. Dafür die Hälfte des Kohlerostes mit glühenden Kohlen belegen. Der Grillrost muss sauber sein und sollte leicht eingeölt werden. Die Hühnerschenkel salzen und direkt ca. 8 Minuten heiß grillen, ohne die Marinade abzutupfen. Dünnere oder kleinere Stücke zuletzt auflegen. Die durchgegarten Stücke auf die indirekte Seite des Grills ziehen. **3** Hühnerschenkel sofort servieren. Dazu passen Bulgursalat (Seite 270) und Orangensauce (Seite 288).

INFOS

		WERKZEUGE
GRILL	Kugelgrill, einfacher Gartengrill	Glasschüssel zum Marinieren
KOHLEN	Holzkohle, Holzkohlebriketts	Mörser
TEMPERATUR	direkte und indirekte hohe Hitze, ca. 260 °C	
KERNTEMPERATUR	72 °C	
VORBEREITUNGSZEIT	1 Stunde Marinierzeit	
ZUBEREITUNGSZEIT	10 Minuten	
GRILLZEIT	ca. 8 Minuten	

TIPP Für dieses Rezept
sollte man die Hühner-
schenkel ausgelöst kaufen,
also ohne Knochen. Gemeint
sind übrigens nicht Hühner-
beine, sondern die klei-
neren Unterschenkel, auch
Chickendrums genannt.

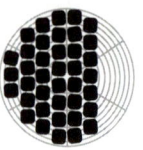

Hühnerbrust mit würziger Tomatenkruste

FÜR 4 PORTIONEN

---

5 EL Tomatenmark

2 TL Kümmel

2 EL Ahornsirup oder Honig

1 TL schwarzer Pfeffer

3 EL Olivenöl

4 Hähnchenbrustfilets

Meersalz

1 Tomatenmark, Kümmel, Ahornsirup, Pfeffer und Olivenöl zu einer Marinade verrühren. Die Hähnchenbrustfilets darin einlegen und 24 Stunden im Kühlschrank ziehen lassen. **2** Das Fleisch 1 Stunde vor dem Grillen aus dem Kühlschrank nehmen. Den Grill für indirekte mittlere Hitze vorbereiten. Hierfür ein Drittel des Kohlerostes frei halten. Die Marinade gründlich auf den Hähnchenbrustfilets verteilen, das Fleisch salzen, auf den heißen Grillrost legen und direkt heiß grillen. Hierbei darauf achten, das Fleisch gleich richtig zu positionieren, da es sich erst nach einigen Minuten wieder vom Rost lösen lässt. Das Fleisch rundherum insgesamt 8–10 Minuten grillen. Zur Kontrolle entweder ein Fleischthermometer benutzen oder ein Stück Hühnerbrust an der dicksten Stelle einschneiden. Das Fleisch sollte saftig und leicht rosa sein. Fertig gegarte Stücke auf die indirekte Seite des Grills ziehen. **3** Dazu passt Nudelsalat (Seite 270).

INFOS

		WERKZEUGE
GRILL	Kugelgrill, einfacher Gartengrill	Schüssel zum Marinieren
KOHLEN	Holzkohle, Holzkohlebriketts	Schneidebrett
TEMPERATUR	direkte und indirekte mittlere Hitze, ca. 200 °C	scharfes Messer
KERNTEMPERATUR	72 °C	eventuell
VORBEREITUNGSZEIT	24 Stunden Marinierzeit	Fleischthermometer
ZUBEREITUNGSZEIT	15 Minuten	
GRILLZEIT	8–10 Minuten	

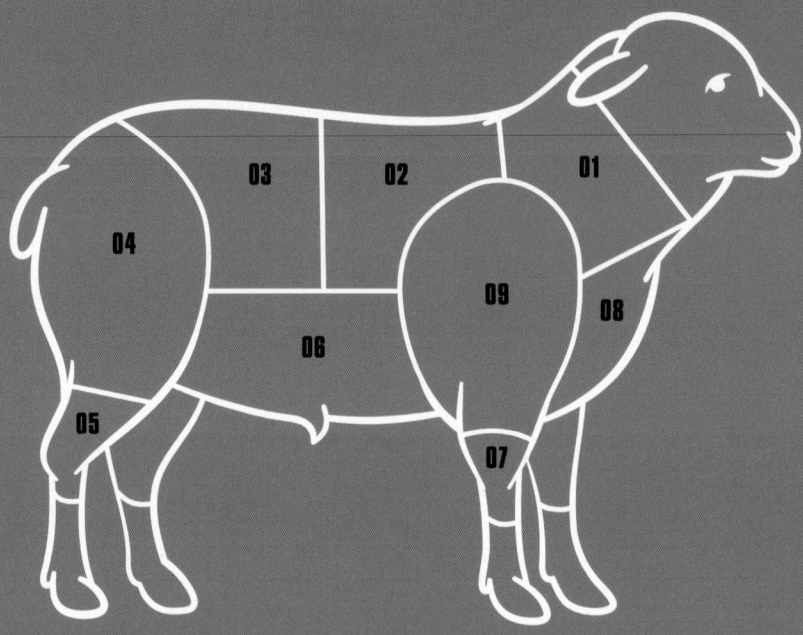

01 NACKEN/HALS   06 BAUCH/DÜNNUNG

02 RÜCKEN   07 VORDERHAXE

03 KOTELETT   08 BRUST

04 KEULE   09 SCHULTER/BUG

05 HINTERHAXE

DIE BESTEN
GRILLREZEPTE
MIT
LAMM

Lammfleisch wird in Deutschland traditionell eher wenig gegessen. In islamischen Ländern, Afrika und Indien sowie Ländern der Mittelmeerregion sieht das schon ganz anders aus. Hier gehört das Lammfleisch zu den am weitesten verbreiteten Fleischsorten und die besten Rezepte kommen natürlich auch aus diesen Regionen.

In Deutschland wird heute nur noch zwischen Lamm und Schaf unterschieden, wobei der Handel hauptsächlich Lammfleisch anbietet, oft von Milchlämmern. Das liegt sehr wahrscheinlich an dem milderen Geschmack im Vergleich zum Fleisch älterer Tiere, der schon mal sehr gewöhnungsbedürftig sein kann. Nur für Fans! Als Lammfleisch gilt in Deutschland das Fleisch von Tieren, die jünger als einjährig geschlachtet wurden. Fleisch von Tieren, die älter als ein Jahr wurden, gilt als Schaffleisch. Die frühere Unterscheidung der Tiere geht da etwas mehr ins Detail: Ein Milchlamm wurde mindestens acht Wochen alt, aber nicht älter als ein halbes Jahr. Zwischen einem halben Jahr und maximal einem Jahr gilt es als Mastlamm. Als Hammel bezeichnet man Schafe, die nicht älter als zwei Jahre sind. Hierbei spielt es auch keine Rolle, ob es sich um ein kastriertes männliches oder weibliches Tier handelt. Ist das Tier älter als zwei Jahre, bezeichnet man es als Schaf. Unkastrierte, männliche Tiere, die älter als ein Jahr sind, bezeichnet man als Bock.

LAMM

KAMM/NACKEN/HALS

Sehr saftiges, gut durchwachsenes, sehniges Fleisch. Wird mit oder ohne Knochen angeboten. Gut als Gulasch oder zum Schmoren. Ergibt saftigen, weichen Braten.

RÜCKEN

Wie bei den meisten Tieren stammt von hier das zarteste Fleisch. Ausgelöst, ohne Knochen, spricht man vom Lammlachs, im Prinzip das Roastbeef des Lamms. Die Filets sind sehr klein, aber eine absolute Delikatesse. Auch die Lammkoteletts werden aus dem Rücken geschnitten. Aus dem vorderen Rücken erhält man die Lammchops mit einem Stielknochen. Koteletts aus dem Lendenbereich sind kleiner, mit Fleisch auf beiden Seiten des Wirbelsäulenknochens. Alle Teile aus dem Rücken eignen sich zum Kurzbraten oder Grillen.

KEULE

Die Keule ist das fleischigste Teilstück vom Lamm. Das Fleisch ist saftig und mager und eignet sich für vielerlei Zubereitungsarten. In Scheiben geschnitten erhält man Lammsteaks bzw. Keulensteaks, gut zu erkennen am runden Röhrenknochen. Aus der oberen Keule schneidet man saftige Rumpsteaks ohne Knochen. Ein Teilstück der Keule ist die Lammhinterhaxe – sehr gut zum Schmoren geeignet. Die Keule als Ganzes ergibt saftige Braten. Die Steaks eignen sich gut zum Kurzbraten und Grillen.

BAUCH/DÜNNUNG

Dünnes, stark durchwachsenes Fleisch. Gut für Rollbraten, Ragouts und Gulasch, mit Knochen gesmokt super als Lamm-Spareribs. Dünn geschnitten und entbeint gut zum Grillen.

BRUST

Gut mit Fett durchwachsen. Zum Schmoren oder Braten oder zum Kochen in Eintöpfen. Kann wie Kalbsbrust aufgeschnitten und gefüllt werden. Auch gut als Rollbraten, allerdings ziemlich fett.

SCHULTER/BUG

Sehr gutes, saftiges Stück vom Lamm. Es wird mit oder ohne Knochen angeboten. Gut als Rollbraten oder gefüllt. Perfekt zum Schmoren oder zum langsamen Braten. Auch sehr gut: ganz langsam im Smoker oder Kugelgrill zubereitet – als Pulled Lamb.

KRÄUTER, GEWÜRZE UND ÖLE

Diese Kräuter, Gewürze und Öle passen besonders gut:

- Rosmarin
- Bohnenkraut
- Petersilie
- Estragon
- Thymian
- Minze
- Basilikum
- Majoran
- Salbei
- Lorbeer
- Knoblauch
- Zitrone/Limette
- Kümmel
- frischer Pfeffer

- Fenchelsamen
- Gewürznelken
- Wacholder
- Kreuzkümmel
- Zimt
- Muskat
- Curry
- Kardamom
- Olivenöl, Zitronenöl, Walnussöl, Butter, Butterschmalz

Lammlachse

INFOS

GRILL	Kugelgrill	**WERKZEUGE**	scharfes Messer
KOHLEN	Holzkohle, Holzkohlebriketts		eventuell
TEMPERATUR	direkte und indirekte hohe Hitze, ca. 280 °C		Fleischthermometer
KERNTEMPERATUR	rosa 55–57 °C		eventuell Zweitgrill,
VORBEREITUNGSZEIT	30 Minuten zum Temperieren		Grilltonne, Isobox etc.
ZUBEREITUNGSZEIT	10 Minuten		
GRILLZEIT	12 Minuten		
RUHEZEIT	5 Minuten		

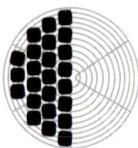

Lammlachse

FÜR 4 PORTIONEN

4 Lammlachse à ca. 200 g
4 EL Olivenöl
1 EL Thymianblättchen
½ TL Meersalz
1 TL schwarzer Pfeffer

1 Das Fleisch aus dem Kühlschrank nehmen und Zimmertemperatur annehmen lassen. Lammlachse, falls noch nicht geschehen, parieren und von der Silberhaut befreien. Öl, Thymianblättchen, Salz und Pfeffer vermischen. Lammlachse mit der Mischung gründlich einreiben und auf einem Teller für das Grillen bereitstellen. **2** Den Grill für indirekte hohe Hitze vorbereiten. Hierfür einen Anzündkamin voll glühender Kohlen auf den Kohlerost geben und die Hälfte des Kohlerostes frei lassen. Den Deckel schließen und die Lüftung unten und oben ganz öffnen. Den Grill ca. 15 Minuten aufheizen. **3** Die Lammlachse 2 Minuten direkt heiß grillen. Darauf achten, das Fleisch gleich richtig zu positionieren. Bewegt man das zarte Fleisch direkt nach dem Auflegen an eine andere Stelle, kann es leicht am Rost haften bleiben und einreißen. Nach 2 Minuten auf die indirekte Seite ziehen und etwa 8 Minuten fertig garen. Ein Fleischthermometer ist auch hier ein sinnvoller Helfer – für ein perfektes rosa gegartes Fleisch beträgt die Kerntemperatur 55–57 °C. Ist die Kerntemperatur erreicht, das Fleisch 5 Minuten an einem warmen Ort ruhen lassen (Zweitgrill, Grilltonne, Isobox etc.). Nicht in Alufolie einwickeln, das würde die feine Kruste aufweichen! Lammlachse mit einem scharfen Messer quer zur Faser in 2 cm dicke Scheiben schneiden und sofort servieren. **4** Dazu passt das Bärlauch-Minze-Pesto (Seite 296), frisches Weißbrot und bunter Bohnensalat (Seite 273) oder Grillkartoffeln (Seite 254).

INFO

//

Als Lammlachs bezeichnet man den langen
Rückenstrecker vom Lamm, vergleichbar mit
dem Roastbeef beim Rind. Das Fleisch ist
mager und sehr zart und eignet sich perfekt
zum Grillen oder Kurzbraten. Da Lammfleisch
schon einen sehr würzigen Geschmack mitbringt, sollte man es, wie ich finde, mit
Marinaden oder Krusten nicht übertreiben.
Die klassischen Gewürze zum Lamm sind
beispielsweise Rosmarin, Thymian, Oregano,
Knoblauch, Pfeffer und Minze, aber auch
Anisaromen, zum Beispiel von Fenchelsamen,
Absinth oder Wermut passen gut. Als Alter-
native zu Knoblauch eignet sich Bärlauch
prima (Seite 297).

//

Lammkeulensteak

INFOS

GRILL	Kugelgrill
KOHLEN	Holzkohle, Holzkohlebriketts
TEMPERATUR	direkte hohe Hitze, ca. 250 °C
KERNTEMPERATUR	rosa 60–65 °C, durchgebraten 70–73 °C
VORBEREITUNGSZEIT	12 Stunden Marinierzeit
ZUBEREITUNGSZEIT	10 Minuten
GRILLZEIT	6–8 Minuten
RUHEZEIT	5 Minuten

WERKZEUGE

Glasschüssel zum Marinieren

Küchenpapier

Schneebesen

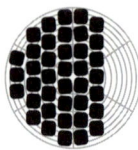

Lammkeulensteak

FÜR 4 PORTIONEN

---

5 Knoblauchzehen

1 EL Rosmarinnadeln

1 EL getrockneter Thymian

1 TL schwarzer Pfeffer

200 g Joghurt

8 EL Olivenöl

abgeriebene Schale von 1 Biozitrone

1 TL Honig

4 Lammsteaks mit Knochen aus der
   Keule à ca. 150 g

Meersalz

❶ Knoblauch schälen und fein hacken. Knoblauch, Rosmarin, Thymian, Pfeffer, Joghurt, Olivenöl, Zitronenabrieb und Honig in eine Schüssel geben und mit dem Schneebesen verrühren. Lammsteaks in einer Schüssel mit der Joghurtmarinade vermischen und abgedeckt 12 Stunden in den Kühlschrank stellen. ❷ Lammsteaks aus dem Kühlschrank nehmen, mit Küchenpapier abtupfen und ca. 30 Minuten Temperatur annehmen lassen. ❸ Den Grill für direkte hohe Hitze vorbereiten. Etwa ein Viertel des Kohlerostes frei lassen, um die Lammsteaks bei Flammenbildung dorthin ziehen zu können. ❹ Die Lammsteaks salzen und jeweils pro Seite 3–4 Minuten heiß und direkt grillen. Dann 5 Minuten warm ruhen lassen. Zu den Lammsteaks passen Grillkartoffeln (Seite 254) und Tomaten-Zwiebel-Salat (Seite 273).

INFO

//

Die unterschiedlichen Bezeichnungen für Lamm-, Hammel- und Schaffleisch beziehen sich jeweils auf das Alter der geschlachteten Tiere. Milchlämmer werden nur zwei bis sechs Monate alt. Lammfleisch stammt von Tieren, die jünger als ein Jahr sein müssen. Beim Hammelfleisch muss das Tier jünger als zwei Jahre gewesen sein und als Schaffleisch bezeichnet man das Fleisch von mindestens zwei Jahre alten Tieren.

//

Lammkeule am Spieß

INFOS

GRILL	Kugelgrill mit Spieß
KOHLEN	Holzkohlebriketts (Greek Fire, Hotcoconut)
TEMPERATUR	ca. 200 °C
KERNTEMPERATUR	rosa 63 °C, durchgebraten 70 °C
VORBEREITUNGSZEIT	mindestens 6 Stunden Marinierzeit
ZUBEREITUNGSZEIT	20 Minuten
GRILLZEIT	1 ½–2 Stunden
RUHEZEIT	10 Minuten

WERKZEUGE

Frischhaltebeutel mit
Zipverschluss

Spießaufsatz, passend
zum Kugelgrill

Kohlekorb

Fettschale

Pinsel zum Bestreichen

Lammkeule am Spieß

FÜR 4 PORTIONEN

---

3 Knoblauchzehen

50 ml Ahornsirup oder Honig

100 ml Olivenöl

2–3 Rosmarinzweige

1 EL scharfer Senf

1 TL schwarzer Pfeffer

abgeriebene Schale von 1 Biozitrone

abgeriebene Schale von 1 Bioorange

1 Lammkeule mit Knochen (ca, 1,5 kg)

½ TL Meersalz

1 Knoblauch schälen und fein hacken. Knoblauch und alle Zutaten für die Marinade verrühren. Die Lammkeule in einen großen Frischhaltebeutel mit Zipverschluss geben, verschließen und mindestens 6 Stunden, aber besser über Nacht im Kühlschrank in der Marinade ziehen lassen. **2** Den Grill für den Spieß vorbereiten. Eine Kohleschale mit guten, lange glühenden, vorgeglühten Briketts füllen und hinter dem Spieß am Rand des Grills platzieren. Ist kein Kohlekorb zur Hand, die Kohlen direkt auf den Grillrost legen. Die Lammkeule so auf den Spieß stecken, dass sie sich gleichmäßig drehen kann. Eine Fettschale unter die Lammkeule stellen und den Grillmotor anschalten. Den Grilldeckel auflegen. Wenn die Keule nach 30 Minuten schon schön gebräunt ist und keine verbrannten Stellen hat, ist die Temperatur richtig. Ist die Temperatur zu niedrig, den Kohlekorb bzw. die Kohlen etwas näher an die Keule schieben oder ein paar Briketts nachlegen. Ist die Temperatur zu hoch und der Kohlekorb kann nicht weiter nach hinten geschoben werden, ein paar Kohlen herausnehmen. Nach 1 Stunde den herabgetropften Sud aus der Schale mit 50 ml Wasser und dem Salz verrühren und die Keule damit einpinseln. Nach 1 weiterer Stunde den Kohlekorb näher an die Keule schieben, um eine schöne Kruste zu erhalten. Dann eventuell noch ein paar Kohlen nachlegen, um mehr Hitze zu erzeugen. Wenn das Fleischthermometer 3 °C unter der gewünschten Kerntemperatur anzeigt – rosa 63 °C, durchgebraten 70 °C –, den Kohlekorb herausnehmen und die Keule noch 10 Minuten am Spieß drehend ruhen lassen. **3** Den Knochen entfernen, das Fleisch aufschneiden und mit Bohnensalat (Seite 273) und frischem Weißbrot servieren.

Pulled Lamb im Kugelgrill

INFOS

GRILL	Kugelgrill
KOHLEN	Holzkohlebriketts
TEMPERATUR	100–120 °C
KERNTEMPERATUR	90 °C
VORBEREITUNGSZEIT	12 Stunden Marinierzeit
ZUBEREITUNGSZEIT	30 Minuten
GRILLZEIT	7–8 Stunden
RUHEZEIT	30 Minuten

WERKZEUGE

Messer // Frischhaltefolie // Mörser // Schneidebrett //
Kohlekorb // Tropfschale // Räucherholz // Fleischthermometer // Alufolie // Zweitgrill, Grilltonne oder
Isobox mit Flaschen // große Schüssel oder Gastronorm-Behälter (Seite 331)

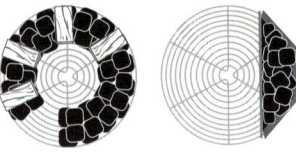

Pulled Lamb im Kugelgrill

FÜR 4–6 PORTIONEN

1 Lammschulter ohne Knochen
(ca. 1,5 kg)

Rub

1 EL Honig
3 EL Absinth oder Wermut
(Noilly Prat, Cinzano etc.)
2 EL getrockneter Thymian
3 EL schwarzer grob
gemörserter Pfeffer
1 EL Rosmarinnadeln
1 EL getrockneter Oregano
1 TL gemörserter Kümmel

Marinade

50 ml Olivenöl
2–3 durchgepresste Knoblauchzehen
1 TL Meersalz
3 EL fein gehackte Minzblättchen

Beilage

Burgerbrötchen (Seite 208),
Pitabrot oder selbst gemachte
Brotfladen (Seite 248)
Krautsalat

❶ Die Lammschulter, falls nötig, von allzu dicken Fettschichten befreien. **Rub** Honig mit dem Absinth verrühren und gründlich in die Lammschulter einmassieren. Alle anderen Zutaten vermengen und das Fleisch damit einreiben. Die Lammschulter in Frischhaltefolie wickeln und 12 Stunden im Kühlschrank ziehen lassen. ❷ Am nächsten Tag zuerst die Lammschulter aus dem Kühlschrank nehmen und dann den Grill vorbereiten. Um die niedrige Temperatur von ca. 100 °C über 7–8 Stunden zu halten, gibt es zwei Möglichkeiten: Man füllt einen Kohlekorb mit zehn bis zwölf glühenden Holzkohlebriketts. Die Briketts glühen (bei guter Qualität) etwa 3 Stunden. Während dieser Zeit muss man die Temperatur im Auge behalten und gelegentlich ein paar Briketts nachlegen, bevor die alten Briketts verglüht sind. Der Nachteil dabei ist, dass man häufiger den Grilldeckel öffnen muss. Hierbei entweicht immer wertvolle Hitze, wodurch sich der Garprozess um bis zu 1 Stunde verlängern kann. ❸ Die zweite Möglichkeit: Man baut einen Minionring (siehe Pulled Pork, Seite 90). Dieser Ring muss jedoch etwas schlanker ausfallen, als im Pulled-Pork-Rezept beschrieben wurde, da sich die Lammschulter in unserem Fall ja viel näher über den Kohlen befindet als das Pulled Pork im Wassersmoker. Ein Ring aus zwei Reihen Briketts sollte genügen. Ist die Temperatur zu niedrig, kann man einfach ein paar Briketts dazulegen. (Baut man den Ring zu dick und die Temperatur steigt zu hoch, wird es schwierig, einzelne Briketts aus dem Ring zu entfernen, ohne ihn zu zerstören.) ❹ Hat der Grill eine stabile Temperatur erreicht, eine Tropfschale mit 1 l heißem Wasser in die Mitte des Kohlerostes stellen. Das verdampfende Wasser verhindert, dass der Braten austrocknet. Einige Stücke Räucherholz auf dem Kohlering verteilen. Die Lammschulter, die inzwischen etwa Zimmertemperatur haben sollte, auf den Grillrost über die Tropfschale legen, das Fleischthermometer an der dicksten Stelle einstechen und den Grill schließen. In den nächsten Stunden darauf achten, dass sich immer etwas Wasser in der Tropfschale befindet. Wenn möglich, immer heißes Wasser nachgießen. Und: Nicht verzweifeln, wenn die Temperatur im Grill in den ersten 30 Minuten etwas fällt! Die kalte Schulter muss erst auf Betriebstemperatur gebracht werden. Wenn sich die Grilltemperatur auf etwa 110 °C eingependelt hat, ist man auf der Siegerstraße und kann schon mal das erste Bierchen aufmachen. Wenn alles gut läuft, sollte die Kerntemperatur der Schulter von 90 °C nach etwa 7 Stunden erreicht sein. Wenn es etwas schneller geht, auch gut, die Garzeiten sind von Fleischstück zu Fleischstück immer etwas unterschiedlich. **5** Ist die Schulter gar, herausnehmen, in Alufolie wickeln und an einem warmen Ort mindestens 30 Minuten ruhen lassen (siehe dazu die Beschreibung auf Seite 15). **6** **Marinade** Alle Zutaten verrühren. Die Schulter in einer angewärmten Schüssel oder einem Gastronorm-Behälter pullen, die Marinade darübergeben und vermischen. **Beilage** Die Brötchen mit einer guten Portion Fleisch belegen, etwas Krautsalat auf das Fleisch geben und heiß servieren.

INFO

//

Was mit einem Schweinenacken oder einer Schweineschulter funktioniert, gelingt auch wunderbar mit einer Lammschulter. Auch wenn es etwas schneller geht als Pulled Pork, ist das sicher kein Rezept für Ungeduldige. Die Vorgehensweise ist im Prinzip dieselbe wie bei Pulled Pork (Seite 90) – mit der Ausnahme, dass wir die Lammschulter nicht im Wassersmoker garen, sondern im Kugelgrill.

//

INFOS

KOHLEN	ca. 22 Holzkohlebriketts von guter Qualität (z. B. proFagus Grillis)
ZUBEREITUNGSZEIT	40 Minuten
GRILLZEIT	ca. 3 Stunden
RUHEZEIT	10 Minuten

WERKZEUGE

Dutch Oven, ca. 6 l // Schneidebrett // Messer // Kochlöffel //
Siebkelle // Schüssel // Kohlenzange // Deckelheber oder
dickes Küchentuch

Lammtopf aus dem Dutch Oven

Lammtopf aus dem Dutch Oven

FÜR 4–6 PORTIONEN

1,5 kg entbeinte Lammkeule oder
  -schulter

1 mittelgroße Zwiebel

3 Karotten

200 g Knollensellerie

4 Knoblauchzehen

Meersalz

schwarzer Pfeffer aus der Mühle

100 ml Olivenöl

2 EL Tomatenmark

1 TL Kümmel

Schalenabrieb von 2 Biozitronen

1,5 l Kalbsfond oder Gemüsebrühe

4 Nelken

2 Rosmarinzweige

4 festkochende Kartoffeln

200 g grüne Bohnen

4 Lorbeerblätter

① Im Anzündkamin 22 Holzkohlebriketts zum Glühen bringen. ② Das **Lammfleisch** in etwa eiswürfelgroße Stücke schneiden. **Zwiebel** schälen und halbieren, **Karotten** und **Sellerie** schälen und würfeln. **Knoblauch** schälen. (Die Kartoffeln und die Bohnen kommen erst später zum Einsatz.) ③ Wenn die Kohlen glühen, den Dutch Oven an einen windgeschützten, trockenen Platz stellen, zum Beispiel auf eine flache Steinplatte oder auf Ziegelsteine. Die Briketts unter den Topf legen und 5 Minuten aufheizen. Das Fleisch **salzen** und gut **pfeffern.** Das **Olivenöl** in den jetzt sehr heißen Dutch Oven geben, erhitzen und das Fleisch darin in drei Portionen kurz braun anbraten. Das Fleisch mit einer Siebkelle herausnehmen und in eine Schüssel legen. Die halbierte Zwiebel mit der Schnittfläche nach unten im Dutch Oven anbraten, bis sie sehr dunkel ist. Karotten, Sellerie und Knoblauch dazugeben, kurz anrösten und dabei gut verrühren, um den Bratensatz etwas zu lösen. **Tomatenmark, Kümmel** und **Zitronenabrieb** hinzufügen und kurz mitrösten. Das Fleisch wieder dazugeben und alles gut vermischen. **Kalbsfond** oder **Gemüsebrühe** angießen, bis alles gut von Flüssigkeit bedeckt ist. **Nelken** und **Rosmarin** dazugeben und den Deckel schließen. Jetzt elf Kohlenstücke auf den Deckel legen, elf Kohlenstücke bleiben unter dem Topf. Die Kohlen möglichst gleichmäßig verteilen. ④ Im Dutch Oven muss es nun für die nächsten 2 ½ Stunden leise brodeln. Wenn der Lammtopf zu heftig kochen sollte, zwei bis drei Kohlenstücke unter dem Topf entfernen. Kocht er zu wenig, einige Stücke vom Deckel unter den Topf legen. Sollten die Kohlen vorzeitig verglüht sein, neue vorglühen und nachlegen. Nach 2 Stunden prüfen, ob das Fleisch schon weitgehend weich ist. Ist das Fleisch noch zu hart, weiterkochen, bis es fast weich ist. Ist das Fleisch nahezu gar, die **Kartoffeln** schälen und würfeln und die **Bohnen** waschen und putzen. Kartoffeln, Bohnen und **Lorbeerblätter** zugeben. Achtung: Es muss noch genügend Flüssigkeit im Topf sein, um die Kartoffeln und Bohnen zu garen! Das wird sicher der Fall sein, weil im Dutch Oven kaum Flüssigkeit verloren geht. Das Gemüse einfach unterrühren und den Deckel wieder schließen. Nach weiteren 30 Minuten sollte das Fleisch weich sein und die Kartoffeln gar. Dann die Kohlen entfernen und den Lammtopf noch 10 Minuten ruhen lassen. Abschließend mit **Salz** und **Pfeffer** abschmecken und servieren.

INFO

///

Der Dutch Oven ist für viele passionierte Griller ein unverzichtbares Accessoire. Die Zubereitung im Dutch Oven hat zwar nicht wirklich etwas mit Grillen zu tun, aber wenn es um Schmorgerichte, Suppen, Eintöpfe oder auch Brot, Brötchen und sogar Kuchen geht, ist er der beste Kumpel, den man draußen beim Kochen dabeihaben kann. Der gusseiserne Geselle wird lediglich mit ein paar Holzkohlebriketts befeuert. Diese liegen sowohl unter dem Topf als auch auf seinem Deckel. Somit bekommt das Gargut Ober- und Unterhitze. Wie im Ofen eben! Wer noch keinen Dutch Oven hat, sollte sich unbedingt einen zulegen und dann gleich diesen leckeren Lammtopf ausprobieren.

///

INFOS

GRILL	Kugelgrill
KOHLEN	Holzkohle, Holzkohlebriketts
TEMPERATUR	direkte und indirekte hohe Hitze, ca. 280 °C
KERNTEMPERATUR	60–62 °C
VORBEREITUNGSZEIT	2 Stunden Marinierzeit
ZUBEREITUNGSZEIT	10 Minuten
GRILLZEIT	ca. 10 Minuten
RUHEZEIT	5 Minuten

WERKZEUGE

scharfes Messer

Schneidebrett

Schüssel oder Frisch-
haltebeutel mit Zipverschluss

Küchenpapier

eventuell Fleischthermometer

eventuell Zweitgrill oder

Grilltonne

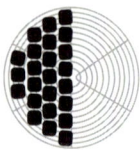

Lammfilet

FÜR 4 PORTIONEN

---

8 Lammfilets à ca. 100 g
4 EL gehackte Minzblätter
2–3 Rosmarinzweige
1 TL schwarzer Pfeffer
100 ml Olivenöl
Meersalz

❶ Die Lammfilets mit einem scharfen Messer parieren, das heißt, von Silberhäutchen und Sehnen befreien. Minze, Rosmarin und Pfeffer mit dem Olivenöl verrühren und die Lammfilets darin 2 Stunden oder länger marinieren. Dabei gelegentlich wenden. (Alternativ kann man die Filets auch in einem Frischhaltebeutel mit Zipverschluss marinieren.) ❷ Den Grill für indirekte hohe Hitze vorbereiten. Die Hälfte des Kohlerostes mit glühenden Kohlen belegen und 15 Minuten aufheizen lassen. Die Filets aus der Marinade nehmen, abtropfen lassen und mit Küchenpapier etwas abtupfen. Lammfilets salzen und jeweils pro Seite 90 Sekunden heiß und direkt grillen. Anschließend die Filets auf die indirekte Seite ziehen und 7–10 Minuten fertig garen. Ist die Kerntemperatur von 60 °C erreicht, die Filets noch 5 Minuten an einem warmen Ort (zum Beispiel Zweitgrill oder Grilltonne) ruhen lassen. Das Filet in etwa 3 cm dicke Stücke schneiden und sofort servieren. ❸ Wenn man eine Grilltonne zum Ruhen der Filets verwendet, kann man diese auf den Esstisch stellen und die Filets direkt am Tisch heiß aufschneiden und servieren. Sehr praktisch! ❹ Dazu passt lauwarmer Kartoffelsalat (Seite 264).

DIE BESTEN
GRILLREZEPTE
MIT
FISCH
UND MEERESFRÜCHTEN

So mancher schreckt davor zurück, Fisch auf dem Grill zuzubereiten. Die empfindliche Haut bleibt ja gern auf dem Rost kleben. Für Fischfilets ohne Haut gilt übrigens das Gleiche. Deshalb ist es wichtig, dass beim Grillen von Fisch der Grillrost mit etwas Speiseöl eingeölt wird. So löst sich der Fisch leichter wieder vom Rost, ohne zu zerfallen. Es gibt aber auch noch andere Grillmöglichkeiten.

FISCH
UND MEERESFRÜCHTE

DIE HOLZPLANKE

Eine gute Variante ist das Garen auf der Planke – ein relativ neuer Trend, der aber durchaus sinnvoll ist. Besonders Fischfilets mit festem Fleisch wie Lachs, Kabeljau und Zander fühlen sich auf der Planke, die in der Regel aus Zedernholz besteht, wohl. Allerdings entstehen beim Grillen auf der Planke keine Röstaromen, da der Fisch ja nicht angebraten wird, sondern nur auf dem Holzbrett gart. Durch das leicht kokelnde Brett beschert uns diese Methode jedoch feine Raucharomen. Auch nicht schlecht! Wie es geht, steht auf Seite 200 (Lachs auf der Planke)

FISCHKÖRBE

Fischkörbe verhindern den direkten Kontakt mit dem Grillrost. Ein Fischständer ist ein praktischer Helfer beim Heißräuchern oder beim indirekten Grillen.

GRILLPFANNE

Auch die Grillpfanne kann das Anhaften der Haut wirkungsvoll verhindern. Besonders beim indirekten Garen ist sie ein hilfreiches Werkzeug.

GRILLPLATTE

Auf einer Grillplatte lassen sich Fischfilets einfach und verlustfrei braten. Vorausgesetzt, die Grillplatte ist gut eingebrannt, sauber, heiß und geölt. Ein tolles Rezept dafür gibt es auf Seite 224 (Fischburger mit Grillbirne).

FISCHFILETS

Viele Fische werden im Handel als Filet angeboten. Hierbei handelt es sich um das reine Fischfleisch ohne Kopf, Gräten, Schwanz, Flossen etc., mit oder ohne Haut. Zum Grillen eignen sich besonders eher fettreiche Fische mit festem Fleisch wie Dorade, Lachs, Thunfisch, Wolfsbarsch, Zander oder Forelle.
Fischfilets sind zumeist sehr fragil und können leicht auseinanderfallen, weshalb man sie nicht zu oft wenden sollte. Eine gute Garmethode ist das Einwickeln in Spinat, Kohlblättern, Mangold, Wirsing oder Bananenblättern. Auch das Garen in Alufolie bietet zusätzliche Möglichkeiten, den Fisch mit Kräutern und Gewürzen zu aromatisieren. Für mehr Röstaromen ist die Grillplatte eine gute Wahl.

Zum Wenden auf dem Grill oder der Grillplatte sollte man keine Grillzange, sondern besser zwei breite Spachtel verwenden.

DIE HAUTSEITE

Fischfilets mit Haut sollte man immer auf der Hautseite grillen. Hierfür sollte die Haut abgeschuppt und leicht eingeölt sein. Man kann das Fischfilet nahezu komplett auf der Hautseite grillen. Der Deckel des Kugelgrills sollte dabei geschlossen bleiben. So wird der Fisch sehr zart und saftig, mit einer krossen Haut. Die Filets nur einmal wenden und kurz fertig garen.

GANZE FISCHE

Beim Grillen von ganzen Fischen ist natürlich die Größe des Fisches von entscheidender Bedeutung. Ein ganzer Lachs oder ein ausgewachsener Kabeljau wäre sicher die falsche Wahl. Besser geeignet sind Wolfsbarsche, Doraden oder Forellen, die eine gute Portionsgröße haben. Beim Grillen und auch beim Marinieren von ganzen Fischen kann es von Vorteil sein, die Haut mit einem scharfen Messer gerade oder in Rauten einzuschneiden. Die Gewürze können so in den Fisch einmassiert werden und sich noch besser entfalten.

KRÄUTER, GEWÜRZE UND ÖLE

Diese Kräuter, Gewürze und Öle passen besonders gut:

- Rosmarin
- Dill
- Petersilie
- Koriander
- Thymian
- Estragon
- Oregano
- Minze
- Basilikum
- Liebstöckel
- Knoblauch
- Zitrone/Limette
- Chili
- frischer Pfeffer
- Fenchelsamen
- Koriandersamen
- Sojasauce
- Ingwer
- Kreuzkümmel
- Olivenöl, Sesamöl, Butter

INFOS

GRILL	Kugelgrill
KOHLEN	Holzkohle, Holzkohlebriketts
TEMPERATUR	indirekte sehr niedrige Hitze, ca. 100 °C
KERNTEMPERATUR	60 °C
VORBEREITUNGSZEIT	4 Stunden zum Einlegen
ZUBEREITUNGSZEIT	10 Minuten
GRILLZEIT	30–40 Minuten
RUHEZEIT	5 Minuten

WERKZEUGE

große Schüssel oder Eimer

Zahnstocher

Fischhalter

1–2 Stücke Räucherholz oder

6–8 Chunks (Buche, Kirsche,

Apfel, Zwetschge etc.)

Kohlekorb

Heiß geräucherte Forelle

Heiß geräucherte Forelle

FÜR 4–6 PORTIONEN

1,2 kg einfaches Siedesalz

4–6 frische ausgenommene Forellen

optional: Kräuter und Gewürze nach
  Geschmack (z. B. Rosmarin, Lorbeer,
  Wacholder, Knoblauch)

1 Das Salz in 6 l Wasser auflösen und die Forellen darin etwa 4 Stunden einlegen. Das Wasser kann nach Geschmack mit Kräutern und Gewürzen aromatisiert werden. Dann die Forellen unter fließendem kaltem Wasser abspülen und den Schleim etwas abwaschen. Trocken tupfen und kurz an einem luftigen Ort trocknen lassen. **2** Den Grill für indirekte sehr niedrige Hitze auf ca. 100 °C vorheizen. Dazu am besten acht bis zehn Kohlebriketts im Kohlekorb verwenden. **3** Mit den Zahnstochern den offenen Bauch der Fische aufspreizen. Hierfür die Spitzen der Zahnstocher abbrechen, da sie sich sonst beim Garen durch das Fischfleisch bohren würden. Die Forellen auf dem Fischhalter befestigen und in den Grill stellen. Das Räucherholz in dicken Stücken (Chunks) auf die Kohlen legen – es darf ordentlich rauchen! (Wenn man für die Salzlake Rosmarinzweige verwendet hat, diese abgetropft auch mit auf die Kohlen legen.) Nach 30–40 Minuten ist der Fisch fertig geräuchert. Einfach etwas abkühlen lassen und noch warm servieren.

TIPP Heiß geräucherter Fisch ist kinderleicht zuzubereiten und schmeckt einfach fantastisch! Ich finde, es ist eine der besten Zubereitungsarten für heimische Süßwasserfische – und auch hier gilt natürlich: Je frischer, desto besser! Viele Angler räuchern ihren Fang direkt vor Ort in handlichen Räucherwannen. Doch legt man den Fisch ca. 12 Stunden in eine Salzlösung mit dem Verhältnis 70 g Salz pro Liter Wasser, führt das zu einer eindeutigen Geschmacksverbesserung und auch längeren Haltbarkeit. Je höher der Salzgehalt, desto schneller geht's. Deshalb hier 200 g Salz pro Liter Wasser. Hat man keinen Fischhalter zur Hand, kann man die Forellen auch direkt auf den Grillrost legen. Es ist jedoch besser, wenn der Fisch komplett vom heißen Rauch umhüllt wird. Kreativen Eigenkonstruktionen steht hierbei natürlich nichts im Weg. Das Räucherholz kann gern das Format eines Schokoriegels haben. Wer lieber Räucherholz im Grillbedarf kaufen möchte, sollte sich für die größeren Chunks entscheiden.

INFOS

GRILL	Kugelgrill
KOHLEN	Holzkohle, Holzkohlebriketts
TEMPERATUR	indirekte und direkte mittlere Hitze, ca. 180 °C
ZUBEREITUNGSZEIT	30 Minuten
GRILLZEIT	15 Minuten

WERKZEUGE

kleine Schere

Förmchen aus hitze-
beständigem Material

Knoblauchpresse

Käseraspel

Messer

Garnelen mit Manchego

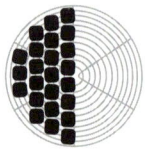

Garnelen mit Manchego

FÜR 4 PORTIONEN

20 frische Garnelen
6 Knoblauchzehen
12 EL Olivenöl
4 EL gehacktes Koriandergrün
100 g Manchego

1 Den Grill für indirekte mittlere Hitze auf ca. 180 °C vorheizen. Die Hälfte des Kohlerostes mit glühenden Kohlen belegen. **2** Die Beine der Garnelen mit einer Schere abschneiden. Mit einem scharfen Messer den Rücken der Garnelen der Länge nach etwa 5 mm tief einschneiden und den schwarzen Darm entfernen. Die Förmchen auf die indirekt beheizte Seite des Grills stellen und 5 Minuten aufheizen. Knoblauch schälen und pressen. Jeweils 3 EL Olivenöl und den Knoblauch in den Schälchen verteilen. **3** Die Garnelen etwa 30 Sekunden pro Seite angrillen. Anschließend schälen, den Kopf entfernen und den Schwanz dranlassen. Garnelen in die Förmchen geben und mit dem Knoblauchöl vermischen. Koriandergrün darüberstreuen, Manchego darüberreiben und den Grilldeckel schließen. 10 Minuten garen. **4** Garnelen mit frischem Weißbrot und knackigem Salat servieren. Vorsicht, heiße Förmchen! Am besten ein gefaltetes Küchentuch zum Servieren unterlegen.

TIPP Ein kinderleicht zuzubereitendes Gericht, das sich sehr gut als Vorspeise oder Zwischengang eignet.

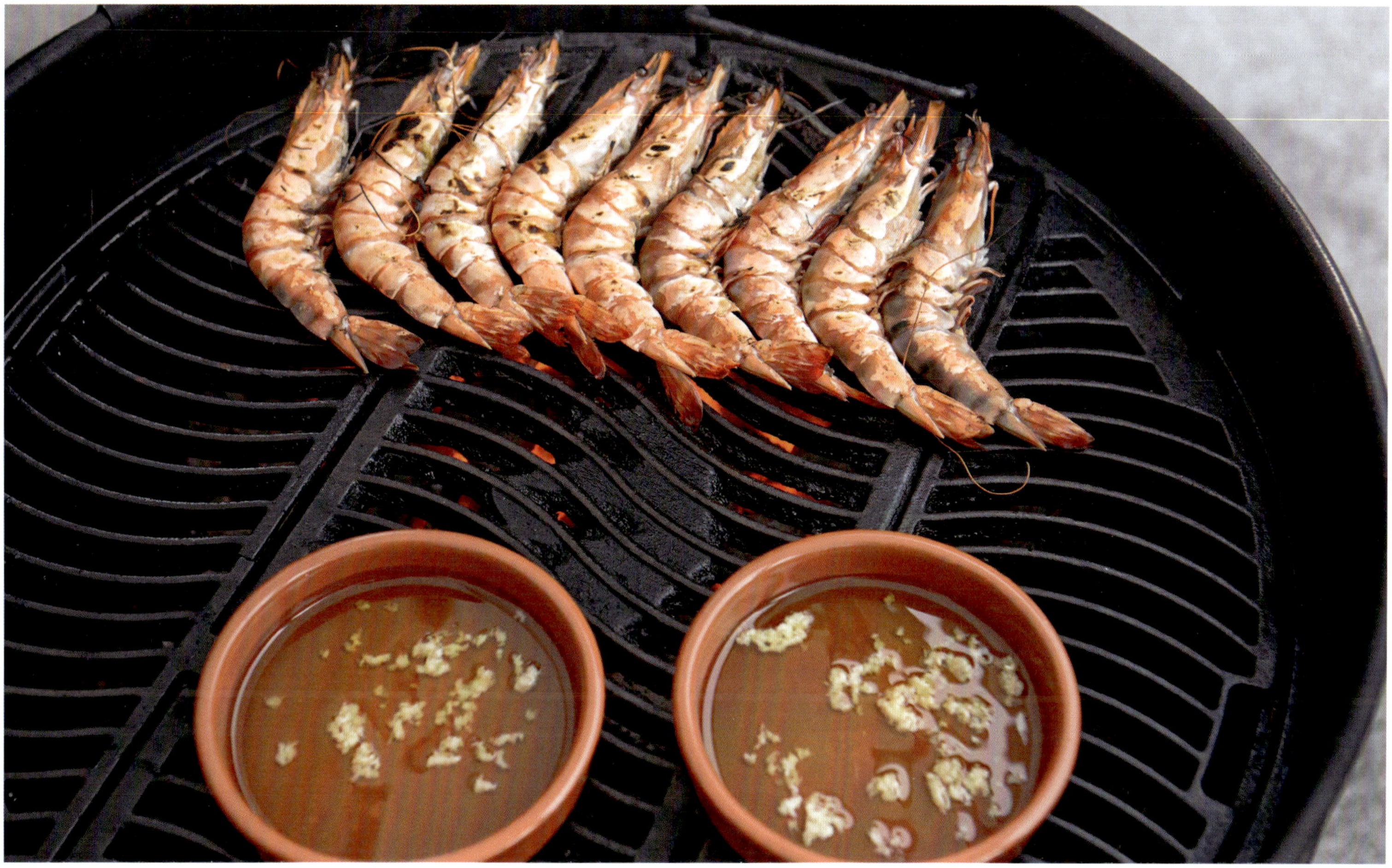

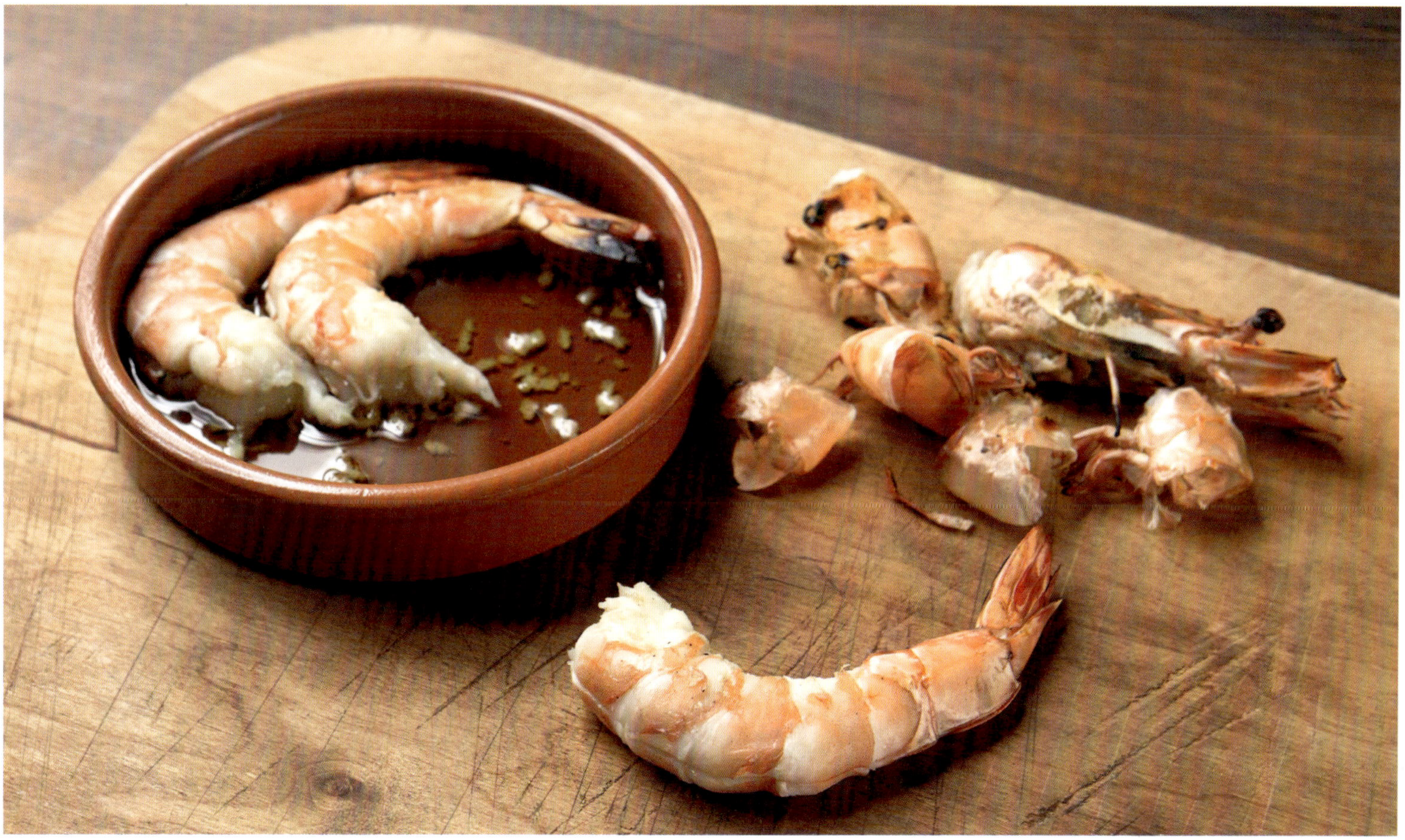

Kabeljau im Mangoldblatt mit Orangenbutter

INFOS

GRILL	Kugelgrill
KOHLEN	Holzkohle, Holzkohlebriketts
TEMPERATUR	indirekte hohe Hitze, ca. 250 °C
KERNTEMPERATUR	63 °C
ZUBEREITUNGSZEIT	1 Stunde
GRILLZEIT	ca. 25 Minuten

WERKZEUGE

scharfes Messer // Schneidebrett // Wasserkessel oder großer
Kochtopf // Mörser // Sieb // kleiner Topf // Reibe für die
Orangen // eventuell Fleischthermometer

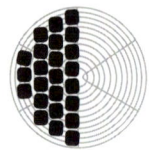

Kabeljau im Mangoldblatt mit Orangenbutter

FÜR 6 PORTIONEN

Orangenbutter

Saft und abgeriebene Schale von
  2 Bioorangen
200 g Butter
1 Prise Meersalz
0,1 g Safran

Kabeljau im Mangoldblatt

6 große Mangoldblätter
6 Kabeljaufilets à ca. 100 g
2 rote mittelgroße Paprikaschoten
Meersalz
schwarzer Pfeffer aus der Mühle
2 TL gemörste Koriandersamen
2 in Scheiben geschnittene Zitronen

1 Den Grill für indirekte hohe Hitze vorbereiten und aufheizen. Hierfür die Hälfte des Kohlerostes mit glühenden Kohlen belegen. **2 Orangenbutter** In einem kleinen Topf den Orangensaft stark einkochen, bis er eine sirupartige Konsistenz hat. Orangenabrieb, Butter und Salz dazugeben. Verrühren, vom Feuer nehmen, in eine kleine Schale oder Tasse gießen, den Safran unterrühren und abkühlen lassen. **3 Kabeljau im Mangoldblatt** Die Mangoldblätter gründlich waschen und abtropfen lassen. Die Stiele knapp abschneiden. **4** Kabeljaufilets klein schneiden, sodass man sie gut mit einem Mangoldblatt umwickeln kann. In einem Kessel oder großen Kochtopf reichlich Wasser erhitzen und die Mangoldblätter kurz hineinlegen, damit sie elastisch werden. Anschließend herausnehmen und abtropfen lassen. **5** Paprikaschoten waschen und in 2 cm breite Ringe schneiden. Weiße Trennwände und Kerne entfernen. Kabeljau salzen, pfeffern, mit Koriander einreiben, jeweils fest in ein Mangoldblatt einwickeln und mit je einem Paprikaring eng verschließen. **6** Die Päckchen bei geschlossenem Deckel ca. 25 Minuten indirekt grillen, bis die Kerntemperatur von 60 °C erreicht ist. Kabeljau im Mangoldblatt auf Tellern mit Zitronenscheiben anrichten, mit der Orangenbutter beträufeln und servieren.

INFO

//

Mangold wächst im Garten von Juli bis etwa Mitte August und passt hervorragend zu Fisch.

//

TIPP Alternativ kann man auch Chinakohl
oder Weißkohl verwenden, jeweils blan-
chiert und weitgehend entstielt. Und die
Koriandersamen unbedingt frisch mörsern,
denn gekauftes Korianderpulver besitzt nur
noch wenig Aroma.

INFOS

GRILL	Kugelgrill, einfacher Gartengrill
KOHLEN	Holzkohle, Holzkohlebriketts
TEMPERATUR	direkte niedrige bis mittlere Hitze, ca. 180 °C
ZUBEREITUNGSZEIT	45 Minuten
GRILLZEIT	45 Minuten
RUHEZEIT	5 Minuten

WERKZEUGE

Paellapfanne, ø 30 cm
Pfannenwender
Schneidebrett
Messer
große Schüssel

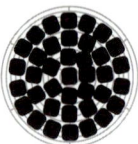

Paella

FÜR 6 PORTIONEN

---

500 g frische Gambas

300 g küchenfertig geputzter Kalmar

schwarzer Pfeffer aus der Mühle

150 ml Olivenöl

Saft von 1 Zitrone

300 g Hähnchenbrust

200 g Chorizo oder Merguez

170 g rote Paprikaschoten

170 g Tomaten

5 Knoblauchzehen

1 Chilischote (oder auch mehr)

Meersalz

300 g Hähnchenschenkel, eventuell
   Knochen ausgelöst

650 g Risottoreis oder
   Arroz-Bomba-Reis

1,5 l Fischfond oder kräftiger
   Gemüsefond

0,5 g Safran

170 g tiefgekühlte oder
   frische Erbsen

3 in Viertel geschnittene Zitronen

❶ Den Grill für direkte mittlere Hitze auf ca. 180 °C vorheizen. Die Kohlen auf dem gesamten Rost gleichmäßig verteilen. ❷ Die Beine der **Gambas** mit einer Schere abschneiden. Den Rücken mit einem scharfen Messer längs einschneiden und den schwarzen Darm entfernen. Den **Kalmar** leicht **pfeffern,** mit etwas **Olivenöl** beträufeln und etwa 1 Minute von allen Seiten heiß angrillen. Anschließend vom Grill nehmen, in Ringe schneiden, mit dem **Zitronensaft** beträufeln und beiseitestellen. ❸ **Hähnchenbrust** und **Chorizo** in mundgerechte Stücke schneiden. **Paprika** und **Tomaten** waschen und putzen. Paprika in halbe Ringe, die Tomaten in kleine Stücke schneiden. **Knoblauch** schälen. Zwei Zehen grob hacken, die restlichen Zehen halbieren. Die **Chilischote** entkernen und klein schneiden. ❹ Sämtliche Zutaten auf einem Tisch am Grill bereitstellen. Die Pfanne auf den Grillrost stellen und das restliche **Olivenöl** darin erhitzen. Die Gambas anbraten, bis sie sich rot verfärben. Gehackten Knoblauch, Chili und etwas **Salz** dazugeben, kurz mitrösten, alles aus der Pfanne nehmen und in einer Schüssel beiseitestellen. ❺ Hähnchenbrust, **Hähnchenschenkel** und die Chorizo in die Pfanne geben und etwa 10 Minuten braten. Die halbierten Knoblauchzehen und die Tomaten dazugeben und 2 Minuten mitrösten. Paprika dazugeben und weitere 10 Minuten schmoren. Den **Reis** hinzufügen und untermischen. **Fischfond** angießen, den **Safran** dazugeben und ein letztes Mal umrühren. Den Grilldeckel schließen. Obere und untere Lüftung vollständig öffnen. (Die Paella darf ab jetzt nicht mehr gerührt werden!) ❻ Wenn die Flüssigkeit zu köcheln beginnt, die **Erbsen** gleichmäßig auf der Reisfläche verteilen. Die Paella darf nicht heftig kochen, sondern sollte lediglich leise köcheln. Kurz bevor die gesamte Flüssigkeit vom Reis aufgenommen wurde, die Gambas und den Kalmar auf der Paella verteilen und den Deckel schließen. Ob der Reis weich genug ist, probiert man, wenn die gesamte Flüssigkeit verdampft ist. Hat er noch zu viel Biss, einfach noch etwas mehr Flüssigkeit zugeben. Ist der Reis weich und hat schon leicht am Boden angesetzt – das soll so sein, die Katalanen nennen diese feine Kruste „Soccarat" –, die Pfanne vom Feuer nehmen und etwa 5 Minuten ziehen lassen. Beim Portionieren der Paella kommt die Kruste nach oben. Mit je zwei **Zitronenvierteln** servieren.

TIPP Sollte der Kalmar noch nicht küchenfertig vorbereitet sein, muss man ihn aus-
nehmen: den Kopf entfernen und die Haut vom
Körper abziehen. Man erhält so den sack-
förmigen Mantel und die Fangarme.

TIPP Ein Grill eignet sich durch seine
große Hitzefläche bestens zum Zubereiten
einer leckeren Paella. Man muss allerdings
darauf achten, dass die Paellapfanne nicht
die gesamte Grillfläche abdeckt, weil dadurch
die Luftzirkulation im Grill unterbrochen
wird und so das Feuer unweigerlich ausgeht.
Eine Pfanne von 30 bis maximal 40 cm Durchmesser ist für einen 57er-Grill ideal und
sollte für sechs bis acht Personen reichen.

Gegrillte Forelle in Rieslingmarinade

INFOS

GRILL	Kugelgrill, einfacher Gartengrill
KOHLEN	Holzkohle, Holzkohlebriketts
TEMPERATUR	direkte mittlere Hitze, ca. 200 °C
KERNTEMPERATUR	60 °C
VORBEREITUNGSZEIT	2–12 Stunden Marinierzeit
ZUBEREITUNGSZEIT	20 Minuten
GRILLZEIT	ca. 10–15 Minuten, je nach Größe der Forellen

WERKZEUGE

Fischkörbe
kleine Schere
Schneidebrett
scharfes Messer

Gegrillte Forelle in Rieslingmarinade

FÜR 4 PORTIONEN

4 frische ausgenommene Forellen

2 Knoblauchzehen

500 ml halbtrockener Riesling

1 TL Meersalz

schwarzer Pfeffer aus der Mühle

1 TL Honig

10 Rosmarinzweige

4 Lorbeerblätter

2 Biozitronen

1 Die Forellen waschen und die Flossen mit einer kleinen Schere abschneiden. Knoblauch schälen und klein hacken. Knoblauch, Riesling, Salz, Pfeffer und Honig zu einer Marinade anrühren. Rosmarin waschen und trocken schütteln. Zwei Rosmarinzweige und die Lorbeerblätter unzerkleinert dazugeben. **2** Die Fischhaut mit einem scharfen Messer viermal pro Seite einschneiden. So kann die Marinade tiefer in das Fleisch eindringen. Fische mindestens 2 Stunden in der Marinade einlegen, am besten jedoch über Nacht. Dann den Fisch herausnehmen und abtropfen lassen. **3** Den Grill für direkte mittlere Hitze vorbereiten und aufheizen. Die gesamte Fläche des Kohlerostes mit glühenden Kohlen belegen.

4 Die Zitronen heiß abwaschen und in dünne Scheiben schneiden. Forellen innen mit Pfeffer einreiben, Zitronenscheiben und je zwei Rosmarinzweige in den Bauch der Forellen geben. Fische in die Grillkörbe legen und bei 200 °C jeweils pro Seite 5–8 Minuten direkt grillen, bis die Haut kross und das Fischfleisch am Rücken nicht mehr glasig ist.

TIPP Am besten legt man die Forellen schon am Vortag ein, damit sie über Nacht schön durchziehen können.

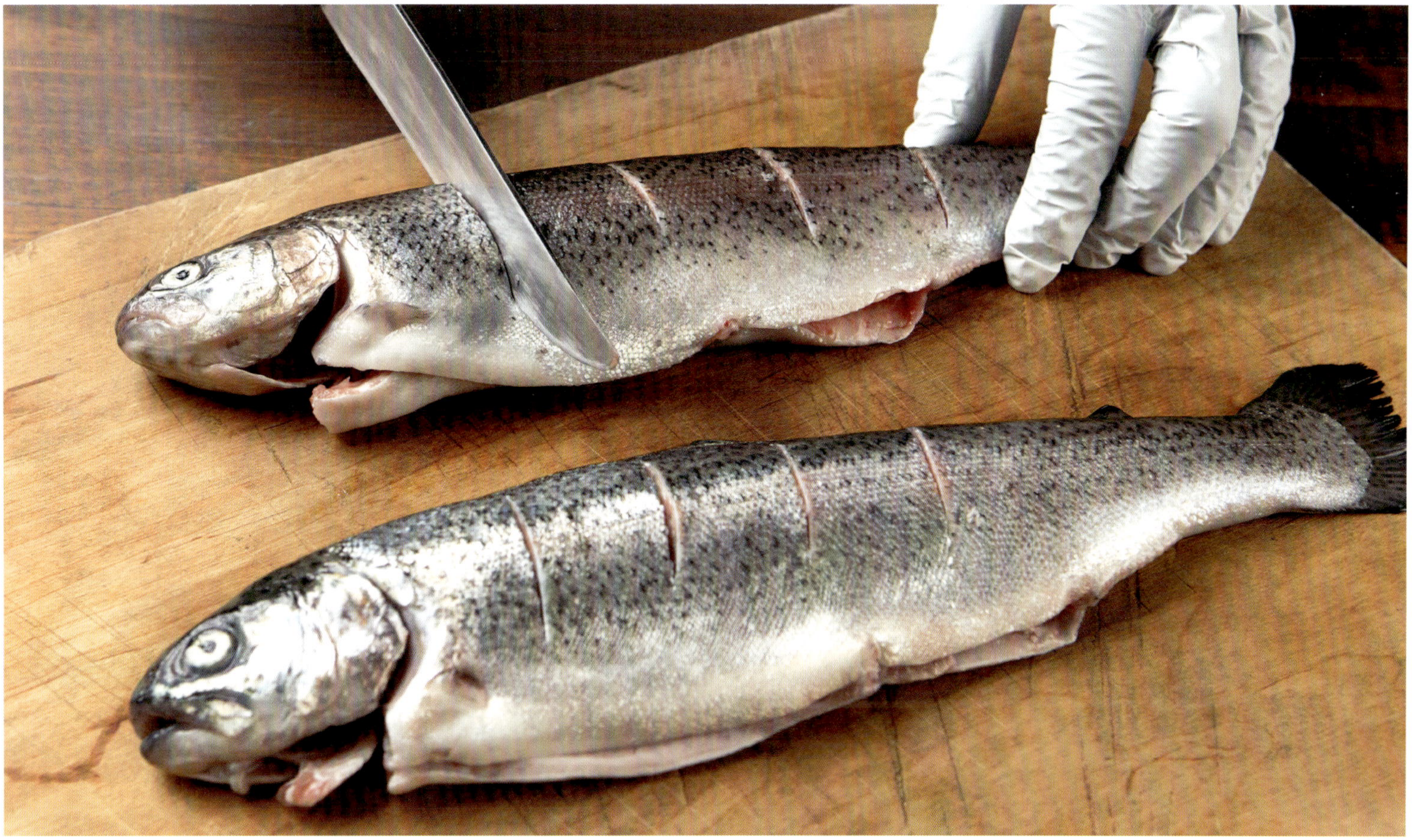

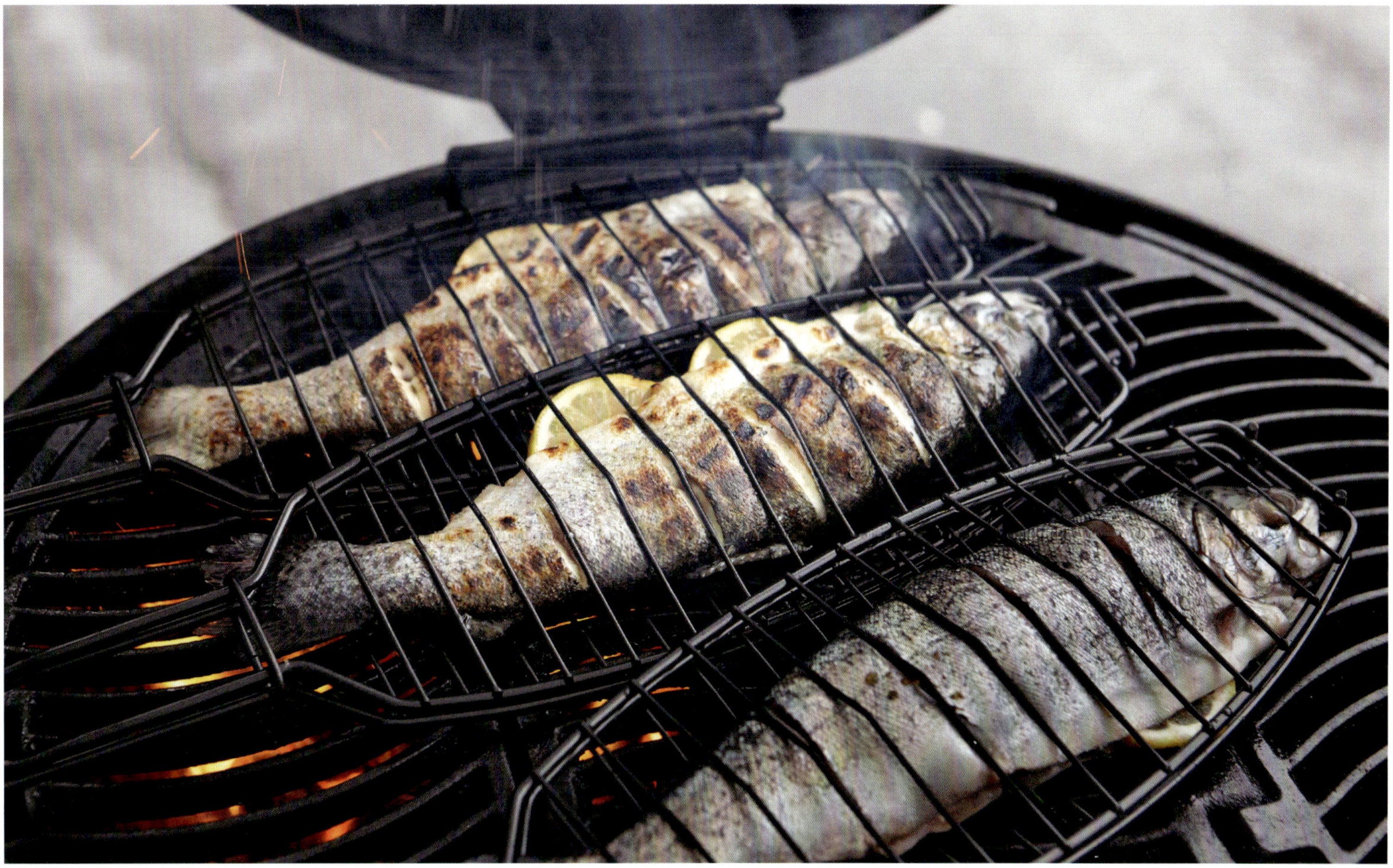

Lachs auf der Planke

INFOS

GRILL	Kugelgrill
KOHLEN	Holzkohle, Holzkohlebriketts
TEMPERATUR	direkte mittlere Hitze, ca. 200 °C
KERNTEMPERATUR	60 °C
VORBEREITUNGSZEIT	1 Stunde zum Wässern der Planke
ZUBEREITUNGSZEIT	30 Minuten
GRILLZEIT	15–20 Minuten

WERKZEUGE

Zedernholzplanke (alternativ Eiche, Esche oder Buche) // flache
Schüssel oder Gastronorm-Behälter (Seite 331) // Schneidebrett //
Messer // kleine Schüssel // Mörser // eventuell Fleischthermometer

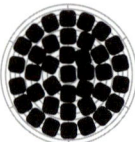

Lachs auf der Planke

FÜR 4 PORTIONEN

Meersalz

1 EL fein gemörserte Koriandersamen

1 TL brauner Zucker

1 Lachsfilet, möglichst mit Haut,
    portioniert in 4 Stücke à ca. 200 g

❶ Die Holzplanke in einer flachen Schüssel 1 Stunde in **gesalzenes,** kaltes Wasser legen. Den Grill für direkte mittlere Hitze vorbereiten und aufheizen. Dafür den gesamten Kohlerost mit glühenden Kohlen belegen, jedoch nur einen dreiviertel vollen Anzündkamin verwenden. **❷** **Koriandersamen** mit ½ TL **Salz** und dem **Zucker** zu einem Rub vermischen. Die **Lachsfiletstücke** damit gründlich einreiben. Das gewässerte Holzbrett direkt über die Kohlen auf den Grill legen, bis es leicht zu rauchen anfängt. Das sollte ca. 10 Minuten dauern. Dann das Brett umdrehen und die Lachsfilets auf die nun angekokelte Seite des Brettes mit der Hautseite nach unten legen. Den Grilldeckel schließen und den Lachs 10–15 Minuten garen. Dünnere Stücke brauchen weniger Zeit – am sichersten ist, zur Kontrolle ein Fleischthermometer zu verwenden. Die Kerntemperatur sollte 60 °C betragen. **❸** Fischfilets von der Planke heben. (Sollte die Fischhaut sich nicht vom Brett lösen lassen, den Fisch ohne Haut vom Brett heben.) Den Lachs auf Tellern anrichten und servieren. Dazu passt frisches Weißbrot oder Salzkartoffeln und Paprikasalsa (Seite 294).

INFO

//

Mittlerweile ist es zu einer gängigen Methode geworden, Fisch auf der Holzplanke zuzubereiten, wenn man schonend im Grill garen möchte. Durch das kokelnde Holz entsteht auch noch ein leichter Räuchereffekt, den man deutlich schmeckt. Zedernholz wird für das Grillen auf der Planke am häufigsten verwendet, wobei es sich dabei gar nicht um echtes Zedernholz handelt, sondern um ein Zypressengewächs. In den USA ist die aromatisch duftende Red Cedar als Bauholz weitverbreitet und entsprechend günstig zu bekommen. In Deutschland zahlt man allerdings teilweise aberwitzige Preise für „echte Grillplanken" aus Zedernholz. Man darf jedoch nicht vergessen, dass es sich dabei nur um unbehandelte Holzbrettchen handelt und nicht um Spezialprodukte für Grillprofis. Außerdem steht der Verwendung anderer Holzarten nichts im Weg. Gut eignen sich zum Beispiel auch Erle, Eiche, Buche, Esche und Obsthölzer. Etwa 30 cm lang, 15–20 cm breit und etwa 10–15 mm dick sollten die Brettchen sein. Natürlich unbehandelt und nicht verleimt! Von harzreichen Nadelholzsorten wie zum Beispiel Lärche oder Kiefer sollte man jedoch absehen, da sich bei der Verbrennung von Harz polyzyklische aromatische Kohlenwasserstoffe (PAK) bilden. Klingt ungesund, also besser nicht machen.

//

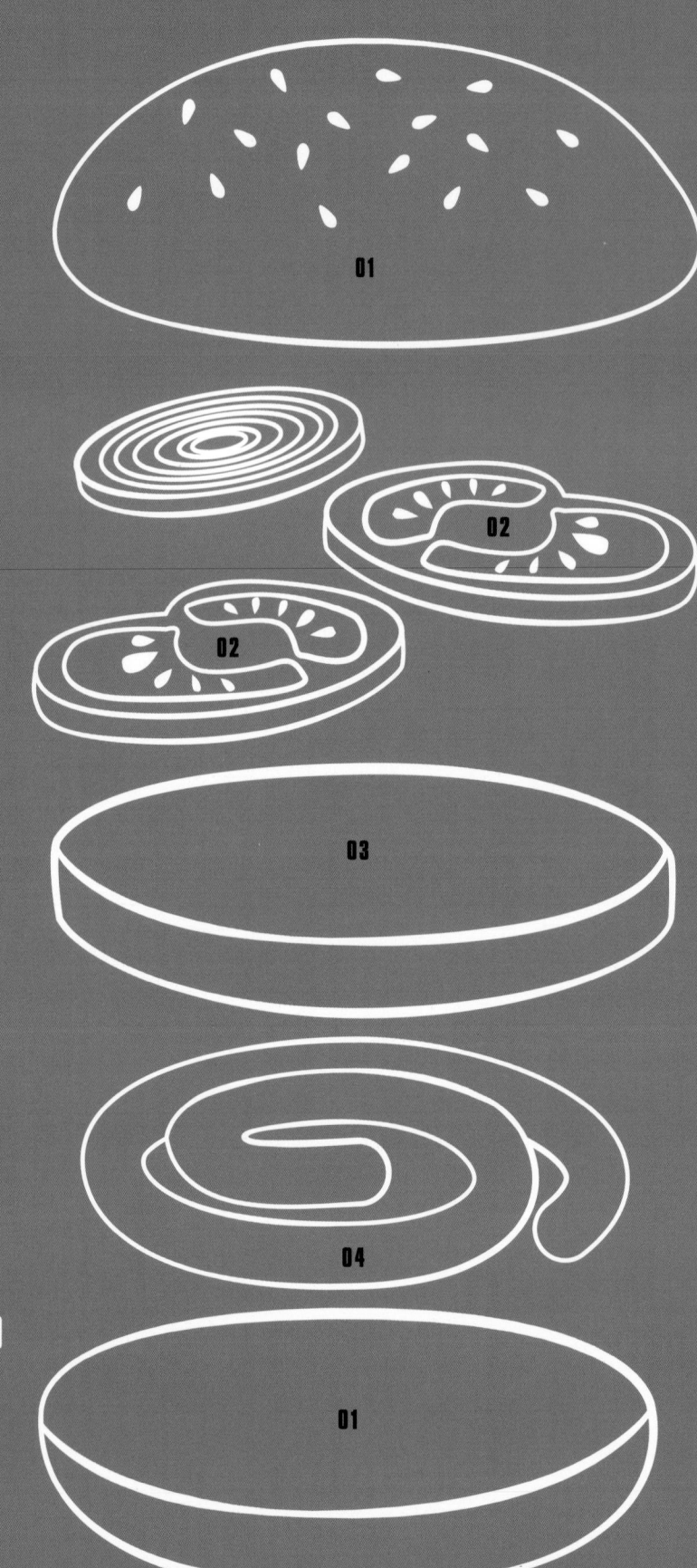

01 BUN (BRÖTCHEN)
02 BELAG
03 PATTY (FRIKADELLE)
04 SAUCE

DIE BESTEN
GRILLREZEPTE
FÜR
BURGER

Manche sagen ja, Burger sind nichts anderes als ein Brötchen mit einer Frikadelle und Grünzeug. Klar, stimmt natürlich. Genauso, wie eine Suppe nur heißes Wasser mit Geschmack, eine Pasta nur Nudeln mit Sauce und ein Brot nur gebackener Teig ist.

Das Prinzip ist immer einfach, aber erst Erfahrungen und Variationen machten das Kochen und Grillen zu einer Kunst, die auch nicht vor einem Burger haltmachen sollte.

BURGER

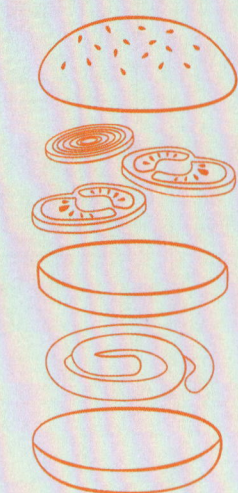

Auch wenn es beim Zubereiten eines guten Burgers nicht allzu viele Hürden gibt, sollte man doch Folgendes beachten:

DAS PATTY

Die Bulette/Frikadelle eines Burgers besteht in der Regel aus reinem Rinderhack und wird „Patty" genannt. Doch auch anderen Fleischsorten steht nichts im Weg, dazu rechts mehr. Die Burgerbrötchen nennt man „Buns". Das ist zwar nicht so wichtig, aber gut zu wissen.

Die Patties sollten mindestens 2 cm dick und im rohen Zustand etwas größer als das Burgerbrötchen sein, weil sie beim Grillen noch schrumpfen. Je besser die Fleischqualität, desto weniger schrumpft das Patty.

Die rohen Patties sollten nicht bauchig wie Frikadellen sein, sondern flach, am Rand etwas dicker als in der Mitte. Beim Grillen wölbt sich das Patty nämlich und ein Burger mit einem kugeligen Patty lässt sich nicht nur schwer belegen, sondern auch schwer essen.

Puristen grillen die Patties völlig ungewürzt, ich würde das Hack für die Patties immer vorher würzen. Zumindest mit Salz und Pfeffer. Variationen sind willkommen.

DAS HACKFLEISCH

Das Hackfleisch sollte frisch gewolft sein. Hat man einen Fleischwolf, kann man das selbst machen. Wenn nicht, macht das jeder Metzger.

Das Hack sollte nicht zu mager sein. Etwa 20 Prozent Fettanteil sind ideal. Wer es also besonders edel will und mageres Filet zu Hack verarbeitet, sollte noch 10 Prozent Bauchspeck mitwolfen. Besonders empfehlenswert ist das aber nicht. Für Edelburger lieber gut durchwachsenes (!) Entrecôte/Rib-Eye-Steak oder Roastbeef wolfen. Besser geeignet, günstiger und auch würziger sind jedoch die eher unedlen, fettigeren Teile wie Nacken, Schulter oder ausgelöste Rippe.

Frisches Hack ist aufgrund seiner offenen Struktur sehr anfällig für Bakterien und Mikroorganismen wie Salmonellen und Listerien. Es sollte möglichst bald nach dem Wolfen verarbeitet und verbraucht werden, spätestens jedoch nach 24 Stunden im Kühlschrank. Deshalb unbedingt auf ausreichende Kühlung beim frischen Hack achten! Besonders im Sommer das Hackfleisch zuletzt einkaufen, am besten hat man dann eine Kühltasche dabei.

PATTIES GRILLEN

Burgerpatties nicht ganz so heiß wie Steaks grillen, am besten etwa bei 220–250 °C, je nach Dicke pro Seite etwa 4–5 Minuten.

Der Gargrad, also ob das Patty durch, medium oder innen noch roh ist, ist natürlich Geschmackssache. Die am weitesten verbreitete Meinung ist, dass ein Burger medium gegrillt sein soll. Dem schließe ich mich an – vorausgesetzt, es handelt sich um wirklich frisches Rindfleisch! Burger aus Schweinehack oder gemischtem Hack sollten durchgegart sein.

BUNS UND CO.

Das Burgerbrötchen (Bun) bietet so einiges an Tuningpotenzial für einen richtig guten Burger. Hier sollte man so viele Variationen wie nur möglich durchdenken und ausprobieren oder den Bun am besten selbst backen (Seite 208).

Die Kruste eines guten Burgerbrötchens sollte nicht zu stark sein, denn die Kraft, die man beim Durchbeißen einer starken Kruste aufbringen muss, führt in der Regel eher dazu, den leckeren Belag auf sämtlichen beteiligten Gliedmaßen zu verteilen. Das ist auch der Grund, weshalb Burgerbuns eher weich sind.

Als Alternativen zum klassischen Bun bieten sich – leicht angeröstet – folgende Brotsorten an:

- Brioche-Brötchen
- Bagels
- Pitabrot
- Fladenbrot/Pide
- Kastenweißbrot ohne Rinde
- Toastbrot
- Kartoffelbrot ohne Rinde
- Roggenbrot ohne Rinde

Burgerbrötchen aus dem Dutch Oven

INFOS

KOHLEN	20 Holzkohlebriketts
ZUBEREITUNGSZEIT	3 ½ Stunden
GRILLZEIT	40 Minuten

WERKZEUGE

Rührschüssel // Becherglas // Dutch Oven // kleiner
Topf // Küchentuch // Pinsel zum Bestreichen

Burgerbrötchen aus dem Dutch Oven

**FÜR 6 GROSSE
BURGERBRÖTCHEN**

500 g Mehl plus etwas
   zum Verarbeiten
1 gestrichener TL Meersalz
25 g Zucker
1 Ei
1 Eigelb
200 ml Milch
30 g frische Hefe oder
   1 Päckchen Trockenhefe
40 g zimmerwarme Butter plus
   etwas für den Dutch Oven
flüssige Butter zum Bestreichen
eventuell Sesam zum Bestreuen

1 Mehl, Salz und Zucker in eine vorgewärmte Rührschüssel geben und vermischen. Ei, Eigelb und Milch im Becherglas verrühren und das Becherglas in warmes Wasser stellen. In das Mehl eine Mulde drücken und die Hefe hineinbröseln. Etwas von der lauwarmen Eiermilch zur Hefe in die Mulde gießen und alles zu einem dickflüssigen Brei verrühren. Mit etwas Mehl bestäuben und die Schüssel abgedeckt 20 Minuten an einen warmen Ort stellen. Wenn sich Risse im Mehl gebildet haben, die restliche Eiermilch dazugeben und zunächst mit einer Gabel verrühren, dann mit den Händen etwa 4 Minuten zu einem homogenen Teig kneten. Anschließend die weiche Butter unterkneten und 8–10 Minuten walken. Den Teig mit einem Küchentuch zugedeckt an einem warmen Ort etwa 1–½ Stunden gehen lassen. **2** Hat der Teig sein Volumen etwas mehr als verdoppelt, wird er abgeschlagen. Hierfür sollte man alles vorbereitet haben, denn jetzt muss zügig gearbeitet werden. Wird der Teig nämlich zu lange geknetet, verliert er seine Elastizität und geht nicht mehr so gut auf. Den Dutch Oven leicht erwärmen und satt mit Butter ausstreichen. Den Teig mit einem Messer in sechs gleich große Stücke schneiden und zu runden Kugeln formen. Die Teigkugeln mit

TIPP Hierbei ist darauf zu achten, dass alle Zutaten und auch die Rührschüssel leicht lauwarm sind, da das die Triebfähigkeit des Teigs enorm unterstützt.

etwas Abstand zueinander in den Dutch Oven setzen, den Deckel auflegen und die Teiglinge 1 weitere Stunde gehen lassen. ❸ Nach ca. 40 Minuten Gehzeit 20 Holzkohlebriketts im Anzündkamin zum Glühen bringen. Den Dutch Oven an einen windgeschützten, trockenen Platz stellen, zum Beispiel auf eine flache Steinplatte oder auf Ziegelsteine. Haben die Teiglinge etwa die dreifache Größe erreicht, fünf Kohlen unter dem Dutch Oven platzieren und zwölf Kohlen auf den Deckel legen. ❹ Die Burgerbrötchen etwa 40 Minuten backen. Nach 30 Minuten die fünf Kohlen, die sich unter dem Dutch Oven befinden, und die drei Kohlenstücke aus dem Anzündkamin zu den restlichen Kohlen auf den Deckel legen. Alle Kohlen liegen jetzt auf dem Deckel des Dutch Ovens. Nun die Brötchen mit flüssiger Butter bestreichen, eventuell etwas Sesam aufstreuen, den Deckel wieder auflegen und 10–15 Minuten weiterbacken. Die Brötchen sind fertig, wenn sie eine schöne hellbraune Oberfläche haben. Die fertigen Brötchen im Dutch Oven etwas abkühlen lassen und aus dem Topf stürzen. Vor dem Servieren die aufgeschnittenen Brötchen auf der Innenseite leicht anrösten.

INFOS

GRILL	Kugelgrill
KOHLEN	Holzkohle, Holzkohlebriketts
TEMPERATUR	direkte mittlere bis hohe Hitze, ca. 250 °C
KERNTEMPERATUR	medium 55–60 °C, durchgebraten 80–85 °C
ZUBEREITUNGSZEIT	30 Minuten
GRILLZEIT	8–10 Minuten

WERKZEUGE

Fleischwolf (optional)

Schüssel

Schneidebrett

scharfes Messer

eventuell

Fleischthermometer

Pinsel zum Bestreichen

Big Burger Classic

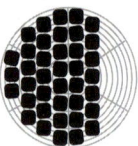

Big Burger Classic

FÜR 5 PORTIONEN

Belag

2 Zwiebeln

2 Tomaten

5 Burgerbrötchen (Seite 208)

5 Scheiben würziger Käse (Emmentaler
   oder Cheddar) für Cheeseburger

Senf

Ketchup

Mayonnaise oder Saucen nach
   Geschmack (ab Seite 283)

einige Blätter Romana- oder Feldsalat

20 dünne frische oder eingelegte
   Gurkenscheiben

Patties

1 kg sehr frisches Rinderhack, selbst
   oder vom Metzger frisch gewolft

1 TL Meersalz

1 TL schwarzer Pfeffer aus der Mühle

2 EL Olivenöl

1 Den Grill für direkte mittlere bis hohe Hitze vorbereiten und auf ca. 250 °C vorheizen, aber ein Drittel des Kohlerostes frei halten. **2** **Belag** Zwiebeln schälen und in dünne Ringe schneiden. Die Tomaten waschen und in dünne Scheiben schneiden. **Patties** Hackfleisch mit Salz und Pfeffer vermischen, in fünf gleich große Portionen à 200 g aufteilen und zu 2 cm dicken Patties formen. Die Patties sollten am Rand etwas dicker als in der Mitte sein. Burgerbrötchen halbieren. **3** Wenn der Grill heiß ist, die Patties leicht einölen, auf die direkte Seite des Grills legen und ca. 4–5 Minuten bei geschlossenem Grilldeckel grillen, bis sich eine schöne Kruste gebildet hat. Dann wenden und die andere Seite bis zum gewünschten Gargrad grillen. Für medium gegarte Patties die Temperatur am besten mit einem Fleischthermometer kontrollieren. **4** 3 Minuten bevor die Patties fertig sind, die Brötchenhälften auf die indirekte Seite des Grills legen und leicht anrösten. Für Cheeseburger die Patties mit dem Käse belegen und schmelzen lassen. **5** Die unteren Brötchenhälften mit Senf, Ketchup, Mayonnaise oder einer selbst gemachten Sauce bestreichen. Mit Salat, Tomatenscheiben, dem Patty, ein paar Zwiebelringen und einigen Gurkenscheiben belegen. Die obere Brötchenhälfte daraufsetzen, den Burger leicht zusammendrücken und servieren.

INFOS

GRILL	Kugelgrill, Gasgrill
KOHLEN	Holzkohle, Holzkohlebriketts
TEMPERATUR	direkte hohe Hitze, ca. 250 °C
KERNTEMPERATUR	75 °C
VORBEREITUNGSZEIT	40 Minuten Marinierzeit
ZUBEREITUNGSZEIT	1 Stunde
GRILLZEIT	8–10 Minuten
RUHEZEIT	1–2 Minuten

WERKZEUGE

Schneidebrett // Messer // Gemüsehobel // Schüssel // Stabmixer // Becherglas // kleine Schüssel // Pfannenwender oder
2 breite Spachtel // Pinsel zum Bestreichen

Asia-Burger mit Zitronengras

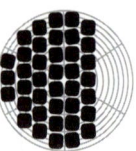

Asia-Burger mit Zitronengras

FÜR 4 PORTIONEN

Belag

1 Rettich

1–2 TL Meersalz

2 EL Apfelessig

1 TL brauner Zucker

1 Handvoll grüne dünn gehobelte
    Paprika

4 Burgerbrötchen (Seite 208)

einige Korianderblättchen

Limettenmayonnaise

2 sehr frische Eigelb

Saft und abgeriebene Schale von
    2 Biolimetten

weißer Pfeffer aus der Mühle

½ TL Senf

½ TL Honig

50 ml Sesamöl

200 ml Sonnenblumenöl

1 TL Limettenfruchtfleisch

Meersalz

Patties

500 g Schweinehack

1 Chilischote

4 Frühlingszwiebeln

2 EL sehr fein gehacktes Zitronengras

1 TL fein gehackter Ingwer

½ TL Meersalz

❶ **Belag** Rettich schälen und dünn hobeln. Die Rettichscheiben mit dem Salz vermischen und 30 Minuten ziehen lassen. Dann das Wasser abgießen, den Rettich mit Apfelessig und Zucker vermischen und weitere 10 Minuten marinieren. ❷ **Limettenmayonnaise** Alle Zutaten bis auf Öl, Limettenfruchtfleisch und Salz in ein Becherglas geben und mit dem Stabmixer gründlich mixen. Zuerst das Sesamöl tropfenweise dazugeben, bis die Masse andickt. Dann das Sonnenblumenöl dazugeben, bis eine feste Mayonnaise entstanden ist. Zuletzt das Limettenfruchtfleisch unterrühren, mit Meersalz abschmecken und abgedeckt kühl stellen. ❸ Den Grill für direkte hohe Hitze vorbereiten, aber ein Drittel des Kohlerostes frei halten. ❹ **Patties** Das Hackfleisch in eine Schüssel füllen. Chilischoten entkernen und fein würfeln. Frühlingszwiebeln waschen, putzen, fein schneiden und dazugeben. Chili, Zitronengras, Ingwer und Salz hinzufügen, gründlich vermischen und zu vier gleich großen, etwa 2 cm dicken Patties formen. Die Patties sollten am Rand dicker als in der Mitte sein, so bleiben sie beim Grillen schön flach. ❺ Die Patties jeweils pro Seite 4–5 Minuten bei geschlossenem Grilldeckel direkt heiß grillen. (Patties aus Schweinehack müssen komplett durchgegart werden!) Die Patties erst wenden, wenn sie sich vom Grillrost gelöst haben. Das geht am besten mit zwei breiten Spachteln. Sollten die Kohlen vom herabtropfenden Fett Feuer fangen, die Patties kurz auf die indirekte Seite ziehen, bis das Feuer erloschen ist. ❻ Die fertig gegrillten Patties auf der indirekten Seite kurz ruhen lassen. Währenddessen die Burgerbrötchen aufschneiden und die Schnittflächen auf dem heißen Grill kurz anrösten. Dann die Brötchen mit der Limettenmayonnaise bestreichen und mit Patty, Rettichscheiben, Paprikastreifen und Korianderblättern belegen. Die obere Brötchenhälfte daraufsetzen, den Burger leicht zusammendrücken und servieren.

TIPP Ein saftiger Burger mit Schweinehack. Asiatisch wird er durch Ingwer, das Zitronengras und frische Limettenmayonnaise.

Veggie-Burger mit krossen Buchweizenstreuseln

INFOS

GRILL	Kugelgrill mit Grillplatte
KOHLEN	Holzkohle, Holzkohlebriketts
TEMPERATUR	direkte niedrige Hitze, ca. 150–170 °C
ZUBEREITUNGSZEIT	50 Minuten
GRILLZEIT	ca. 15 Minuten

WERKZEUGE

Grillplatte // kleiner Topf // Bratpfanne // Rührschüssel // Schöpfkelle // eventuell Garnierring aus Edelstahl // 2 breite Spachtel
zum Wenden der Patties

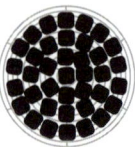

Veggie-Burger mit krossen Buchweizenstreuseln

FÜR 4 PORTIONEN

Patties

Meersalz

100 g fein gemahlenes
　Buchweizenmehl

100 g getrocknete Tomaten

3–4 Frühlingszwiebeln

20 g Butter

1 EL Olivenöl

3 EL fein gehackte Petersilie

3 Eier

40 g frisch geriebener Parmesan

schwarzer Pfeffer aus der Mühle

Öl zum Braten

4 Burgerbrötchen (Seite 208)

Belag

1 Zwiebel

1 Tomate

Sauce nach Geschmack
　(ab Seite 283)

einige Blätter Romana-
　oder Feldsalat

einige Gurkenscheiben

---

❶ Den Grill für direkte niedrige Hitze vorbereiten. Die Grillplatte auflegen und aufheizen lassen. Dabei darauf achten, dass der Grill gerade steht, da sich sonst das Öl auf der Grillplatte schlecht verteilt. ❷ **Patties** 100 ml Wasser und etwas Salz in einen Topf geben und zum Kochen bringen. Das Buchweizenmehl zugeben und zügig mit einer Gabel verrühren. Das Mehl nimmt das Wasser sofort auf und bildet unterschiedlich große, streuselähnliche Klümpchen. Vorsicht, die Buchweizenstreusel brennen leicht an! Den Topf vom Feuer nehmen und die Masse abkühlen lassen. ❸ Getrocknete Tomaten klein hacken. Frühlingszwiebeln waschen, putzen und in feine Ringe schneiden. In einer Pfanne Butter und Olivenöl erhitzen, die Streusel hineingeben und bei mittlerer Hitze anrösten, bis sie goldbraun und kross sind. Dabei die Streusel oft bewegen. Die gerösteten Buchweizenstreusel vom Feuer nehmen und abkühlen lassen. Getrocknete Tomaten, Frühlingszwiebeln, Petersilie, Eier und Parmesan in eine Schüssel geben und verquirlen. Vorsichtig salzen und pfeffern. Dann die abgekühlten Buchweizenstreusel unterrühren. ❹ Etwas Öl auf der heißen Grillplatte verteilen und mit der Schöpfkelle vier gleich große, runde Portionen auf die Platte geben. Für gleichmäßige Patties einen innen gefetteten Garnierring in der gewünschten Größe auf die Grillplatte legen und die Pattymasse darin ausbacken. Sobald das Ei auf der Oberseite zu stocken beginnt, die Patties wenden und fertig backen. ❺ Die Burgerbrötchen auf dem Grill anrösten. **Belag** Zwiebel schälen und in dünne Ringe schneiden. Tomate waschen und in dünne Scheiben schneiden. Die untere Hälfte der Burgerbrötchen mit Sauce bestreichen, mit Salat, Gurkenscheiben, Tomatenscheiben, Zwiebelringen und dem Patty belegen. Die obere Brötchenhälfte daraufsetzen, den Burger leicht zusammendrücken und servieren.

TIPP Auf die Idee, krosse Buchweizenstreusel in die Patties zu geben, kam ich beim Lesen eines alten Kochbuches aus dem Odenwald. Darin ging es um die Zubereitung von „Semmede", einem Arme-Leute-Essen, das an Schlichtheit kaum zu toppen ist: Buchweizenmehl wird in Salzwasser zu Klümpchen verrührt, angeröstet und mit frischer Milch übergossen. Lässt man die Milch weg, bekommt man einen prima Ersatz für knusprig gebratenes Hackfleisch, der perfekt zu diesem saftigen Veggie-Burger passt.

Fischburger mit Grillbirne

INFOS

GRILL	Kugelgrill mit Grillplatte	**WERKZEUGE**
KOHLEN	Holzkohle, Holzkohlebriketts	Grillplatte
TEMPERATUR	direkte hohe Hitze, ca. 280 °C	Schneidebrett
KERNTEMPERATUR	60–62 °C	Messer
ZUBEREITUNGSZEIT	40 Minuten	Knoblauchpresse
GRILLZEIT	8 Minuten	Pinsel zum Bestreichen
		2 breite Spachtel

Fischburger mit Grillbirne

FÜR 4 PORTIONEN

Rouille

1 Knoblauchzehe

1 Chilischote

100 g Mayonnaise (Seite 287)

100 g Sauerrahm oder Crème fraîche

Saft von ½ Zitrone

2 EL Pernod

1 TL edelsüßes Paprikapulver

1 TL Dijonsenf

1 Msp. Safranpulver

Meersalz

Fisch

4 Fischfilets ohne Haut (Seelachs,
    Scholle, Kabeljau) à 150 g,
    ca. 2 cm dick

3 EL Olivenöl

Meersalz

schwarzer Pfeffer aus der Mühle

Öl zum Braten

Belag

1 feste Birne

4 Burgerbrötchen (Seite 208)

einige Salatblätter

❶ Den Grill für direkte hohe Hitze vorbereiten. Hierfür den gesamten Kohlerost mit Kohlen belegen. Die Grillplatte auf den Grillrost legen und 20 Minuten bei geschlossenem Grilldeckel gut aufheizen und alle Lüftungsschieber ganz öffnen. ❷ **Rouille** Knoblauch schälen und pressen. Die Chilischote entkernen und sehr fein hacken. Knoblauch, Chili, Mayonnaise und alle anderen Zutaten verrühren und mit Salz abschmecken. ❸ **Fisch** Die Fischfilets so zurechtschneiden, dass sie später gut in die Brötchen passen. Jedes Fischfilet großzügig mit Olivenöl bestreichen, salzen und pfeffern. **Belag** Die Birne waschen und in acht etwa 3 mm dicke Scheiben schneiden. Das Kerngehäuse jeweils entfernen. ❹ Öl auf die Grillplatte geben und mit einem Pinsel verteilen. Die Filets auf der heißen Grillplatte pro Seite jeweils ca. 4 Minuten grillen, dabei vorher überlegen, wo man die Filets hinlegt. Da sie im rohen Zustand noch leicht an der Grillplatte anhaften, sollte man sie erst wenden oder bewegen, wenn sie gut angebraten sind. Die Birnenscheiben mit auf die Grillplatte legen und gemeinsam mit den Fischfilets wenden. Das funktioniert am besten mit zwei Grillspachteln. ❺ Die Burgerbrötchen aufschneiden, auf die Grillplatte oder eine freie Stelle auf dem Grillrost legen und leicht anrösten. Die unteren Brötchenhälften erst mit Salat, etwas Rouille, einer Birnenscheibe und dem Fisch belegen. Dann eine weitere Birnenscheibe und etwas Rouille hinzufügen und mit Salat abschließen. Die oberen Brötchenhälften daraufsetzen, dann die Burger leicht zusammendrücken und servieren.

TIPP Die Rouille ist eine sehr alte, klassische Sauce, die vornehmlich zu Fischgerichten wie Bouillabaisse gereicht wird. Die hier beschriebene Version mit Mayonnaise ist einfacher draußen beim Grillen zu realisieren und passt spitzenmäßig zu den Fischfilets. Je nach Geschmack kann man natürlich mehr Chili oder mehr Knoblauch verwenden.

Dass Grillen längst nicht mehr nur den Fleischliebhabern zugutekommt, sollte sich inzwischen herumgesprochen haben. Auch seit sich mehr Menschen mit der Zubereitung vegetarischer Leckereien beschäftigen, ist die Anzahl an möglichen Kandidaten für den Grill immens gestiegen – und besonders der Haubengrill bietet uns aufgrund seiner Fähigkeit, auch längere Garprozesse zu realisieren, eine Vielzahl an Möglichkeiten für vegetarisches Grillen.

Wie beim Grillen von Fleisch gibt es beim vegetarischen Grillen auch Gemüse und Lebensmittel, die kurz gebraten werden können, und solche, die länger gegart oder vorgegart werden müssen. Hier eine kleine Liste der entsprechenden Kandidaten.

GEMÜSE ZUM KURZBRATEN/ GRILLEN:

- Paprika
- Zucchini (in Scheiben)
- Fenchel (in Scheiben)
- frische Gurken
- Tomaten
- Pilze
- Kürbis
- grüner Spargel
- Auberginen (in Scheiben)
- Zwiebelscheiben
- Frühlingszwiebeln
- Weißkohl, Spitzkohl, Rotkohl (in Scheiben oder in der gelochten Grillpfanne)
- Zuckerschoten
- frische Erbsen
- Stangensellerie
- Topinambur (in Scheiben)
- Chicorée

GEMÜSE ZUM VORGAREN/ LÄNGEREN GRILLEN:

- Karotten
- Maiskolben
- Kartoffeln
- weiße Rüben
- Rote Bete
- Bohnen
- Blumenkohl
- Rosenkohl
- Sellerieknolle
- Brokkoli
- Petersilienwurzel
- Pastinaken
- ganze Zwiebeln
- ganze Auberginen

DIE BESTEN VEGGIE-GRILLREZEPTE

Eine gelochte Grillpfanne (Seite 331) ist besonders für kleinteiliges Gemüse wie Zuckerschoten, kleine Pilze, Paprikastreifen und Erbsen von immensem Vorteil. Durch die kleinen Schlitze in der Grillpfanne kann nichts hindurchfallen und das Gemüse wird tatsächlich über der Glut gegrillt und nicht nur in der Pfanne gebraten.

Der Einsatz einer Bratpfanne auf dem Grill ermöglicht uns beispielsweise die Zubereitung von Pfannkuchen, die lecker gefüllt werden können. Vegetarische Braten (siehe Seite 238) und auch Aufläufe können auf der indirekten Seite des Grills problemlos in einer feuerfesten Form oder auch auf Backpapier zubereitet werden und bekommen durch ein paar Stücke Räucherholz auf den Kohlen ein einzigartig-würziges Raucharoma.

Will man das Gemüse nicht zu Hause am Herd, sondern direkt am Grill vorgaren, eignet sich hierfür die Tajine besonders. Mehr dazu auf Seite 331.

Besonders Gemüsespieße, aber auch alle anderen Gerichte kann man durch den Einsatz von Gewürzöl nach dem Grillen immens aufwerten. Dabei sind der Fantasie wirklich keine Grenzen gesetzt. Hier einige Vorschläge:

WÜRZÖLE

- Knoblauchöl
- Kräuteröl (zum Beispiel Basilikum, Salbei, Rosmarin, Thymian, Oregano, Bärlauch)
- Trüffelöl
- Steinpilzöl
- Walnussöl
- Chiliöl
- Sesamöl
- Kürbiskernöl
- Orangenöl

Beim Würzen von Grillgemüse sollte man es jedoch nicht übertreiben. Meist reichen Salz und Pfeffer völlig aus und mit ein wenig Knoblauch und ein paar Tropfen Öl wird der Geschmack der gerösteten Gemüse noch unterstrichen, ohne ihn zu überlagern.

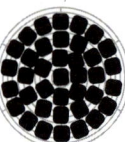

Gefüllte Paprika

FÜR 4 PORTIONEN

---

1 Knoblauchzehe

200 g Schafskäse

2 EL Frischkäse

2 Eier

1 TL getrockneter Thymian

Meersalz

schwarzer Pfeffer aus der Mühle

4 mittelgroße rote Spitzpaprika

2 EL frisch gehackte Kräuter

1 Den Grill für direkte mittlere Hitze vorbereiten und auf ca. 200 °C vorheizen. **2** Knoblauch schälen und pressen. Schafskäse zerbröseln und in eine Schüssel füllen. Frischkäse, Eier, Knoblauch, Thymian, etwas Salz und Pfeffer zugeben und gründlich vermengen. Die Paprikaschoten waschen, längs aufschneiden, aber nicht durchschneiden. Die Kerne und die Trennwände mit einem kleinen Löffel entfernen. **3** Die Paprikaschoten mit der Mischung füllen und einzeln dicht mit Alufolie umwickeln. Gefüllte Paprikaschoten auf den Grillrost setzen und 20–30 Minuten bei geschlossenem Grilldeckel direkt grillen, dabei häufiger wenden. Zur Kontrolle eine Paprika auspacken. Die Füllung muss gestockt sein, die Paprika sollte angeröstet sein und noch ein wenig Biss haben. **4** Gefüllte Paprika vor dem Auspacken 5 Minuten ruhen lassen. Mit Kräutern bestreut servieren.

INFOS

GRILL	Kugelgrill	**WERKZEUGE**	
KOHLEN	Holzkohle, Holzkohlebriketts	Schneidebrett	
TEMPERATUR	direkte mittlere Hitze, ca. 200 °C	Messer	
ZUBEREITUNGSZEIT	20 Minuten	kleiner Löffel	
GRILLZEIT	20–30 Minuten	kleine Schüssel	
RUHEZEIT	5 Minuten	Alufolie	

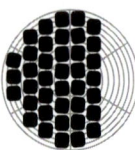

Zucchini-Schafskäse-Spieße

FÜR 4 PORTIONEN

---

4 EL Olivenöl

1 TL getrockneter Oregano

2 mittelgroße Zucchini

1 EL Meersalz

200 g Feta-Schafskäse

15–20 Cocktailtomaten

15–20 große Oliven ohne Stein
   (im Idealfall so groß wie
   die Cocktailtomaten)

1 Oreganozweig

Kräuteröl

1 Den Grill für direkte hohe Hitze vorbereiten. Hierfür zwei Drittel des Kohlerostes mit glühenden Kohlen belegen. **2** Olivenöl und Oregano vermischen und beiseitestellen. Die Zucchini waschen und den Strunk abschneiden. Zucchini mit dem Sparschäler der Länge nach in möglichst breite Streifen schneiden. In einer Schüssel das Salz in 1 l kaltem Wasser auflösen und die Zucchinistreifen 30 Minuten darin einlegen. Anschließend herausnehmen und mit Küchenpapier trocken tupfen. **3** Feta in Würfel schneiden, die ungefähr so breit wie die Zucchinistreifen sein sollten. Die Zucchinistreifen einseitig dünn mit dem Oregano-Öl bestreichen und je einen Schafskäsewürfel damit einwickeln. Die so entstandenen Rollen abwechselnd mit je einer Cocktailtomate und einer Olive auf die Spieße stecken, drei bis vier Röllchen pro Spieß. **4** Die Spieße jeweils ca. 5 Minuten pro Seite direkt heiß grillen. Sollten die Kohlen Feuer fangen, den Spieß kurz auf die indirekte Seite ziehen, bis die Flammen erloschen sind. Die Spieße zum Servieren mit frischen Oreganoblättchen bestreuen und mit etwas Kräuteröl beträufeln. Dazu passt frisches Baguette oder Weißbrot.

INFOS

GRILL	Kugelgrill, einfacher Gartengrill
KOHLEN	Holzkohle, Holzkohlebriketts
TEMPERATUR	direkte hohe Hitze, ca. 250 °C
VORBEREITUNGSZEIT	30 Minuten
ZUBEREITUNGSZEIT	30 Minuten
GRILLZEIT	10 Minuten

WERKZEUGE

Schneidebrett

Messer

Sparschäler

Schüssel

Küchenpapier

Pinsel zum Bestreichen

Doppelspieße aus Metall
oder Holzspieße

TIPP Durch die Doppelspieße lassen sich die
Zucchiniröllchen leichter
wenden. Hat man keine
Doppelspieße zur Hand,
kann man einfach zwei
Holzspieße nehmen.

Pizza vom Grill

INFOS

GRILL	Kugelgrill
KOHLEN	Holzkohle, Holzkohlebriketts
TEMPERATUR	sehr heiß, 370 °C oder mehr
VORBEREITUNGSZEIT	2 ½–24 Stunden Gehzeit
ZUBEREITUNGSZEIT	2 Stunden
GRILLZEIT	5–10 Minuten

WERKZEUGE

Küchentuch // Frischhaltefolie // Topf mit dickem Boden //
Pizzastein // Pizzaschaufel oder dünnes Sperrholzbrett //
Holzbrett zum Ausrollen // Nudelholz

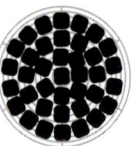

Pizza vom Grill

FÜR 4–6 PORTIONEN

Teig

1,5 kg Mehl (Type 405 oder 00)
    plus etwas zum Ausrollen
40 g Meersalz
¼ Würfel frische Hefe

Sauce

3 Knoblauchzehen
3 Dosen geschälte Tomaten oder
    Pizzatomaten (à 400 g)
5 EL Olivenöl
3 Nelken
3 Lorbeerblätter
Meersalz
schwarzer Pfeffer aus der Mühle

Belag

Mozzarella
Oliven
Rucola

INFO

/////////////////////////////////////

Mozzarella und Tomaten sind
als Belag fast nicht zu toppen.
Wenn wie rechts auf dem Bild
noch Sardellen als Belag
draufkommen, ist es jedoch
keine Veggie-Pizza mehr.

/////////////////////////////////////

❶ Teig In einer Rührschüssel 600 g Mehl mit 625 ml kaltem Wasser, dem Salz und der zerbröselten Hefe kräftig zu einem flüssigen Teig verrühren. Die Schüssel mit einem Küchentuch abdecken und 20 Minuten ruhen lassen. Dann den Teig etwa 5 Minuten lang gut aufrühren. 400 g Mehl nach und nach – jeweils eine Handvoll – zugeben und untermengen. Den Teig abgedeckt 1 Stunde gehen lassen. Dann 500 g Mehl schrittweise in den jetzt noch sehr klebrigen Teig einarbeiten, bis dieser geschmeidig und elastisch geworden ist. Weitere 30 Minuten ruhen lassen. Anschließend ist der Teig fertig zum Ausrollen. **❷ Variante Superteig** Die Zubereitung ist dieselbe wie die des normalen Teigs, nur dass die Teigschüssel, nachdem 1 kg Mehl untergerührt wurde, für 24 Stunden mit Folie abgedeckt in den Kühlschrank wandert. Erst am nächsten Tag werden die restlichen 500 g Mehl eingearbeitet. **❸ Tomatensauce** Knoblauch schälen und in dünne Scheiben schneiden. Die Dosentomaten klein schneiden. Olivenöl in einem Topf mit möglichst dickem Boden stark erhitzen. Knoblauch in das sehr heiße Öl geben und maximal 10 Sekunden anschwitzen. Der Knoblauch darf aber nicht braun werden! Dann die Tomaten dazugeben, Nelken und Lorbeerblätter unterrühren, die Hitze reduzieren und auf kleiner Flamme und zugedeckt ca. 1 Stunde köcheln lassen. Währenddessen immer wieder mal umrühren und darauf achten, dass die Sauce nicht am Topfboden ansetzt. Wenn die gewünschte Konsistenz erreicht ist, die Sauce kräftig salzen und mit etwas Pfeffer abschmecken. **❹ Pizza** Den Grill für sehr starke, direkte Hitze vorbereiten. Hierfür zwei Anzündkamine voll Grillbriketts zum Glühen bringen und so auf dem Kohlenrost verteilen, dass die meisten Kohlen am Rand des Grills liegen und nur einige direkt unter dem Pizzastein. Den Pizzastein mittig auf den Grillrost in den Grill legen, Deckel schließen und mindestens 20 Minuten aufheizen. Auf einem gut bemehlten Holzbrett die Pizzen ausrollen, mit Sauce bestreichen und belegen. Die Pizzaschaufel mit Mehl bestreuen, die Pizza mit Schwung vom Brett aufnehmen oder vom Brett auf die Schaufel gleiten lassen und direkt auf den Pizzastein legen. Den Deckel sofort wieder schließen. Die Pizza 5–10 Minuten backen, bis der Teig gut aufgegangen und der Käse geschmolzen ist. Nun mit Rucola belegen.

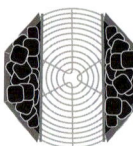

Ganz falscher Hase gesmokt

FÜR 6–8 PORTIONEN

---

250 g Hirse oder Quinoa

Meersalz

50 g getrocknete Steinpilze

3 Zwiebeln

100 g getrocknete Tomaten in Öl plus
    4 EL Öl der getrockneten Tomaten

200 g Champignons

200 g Schafskäse

8–10 gehäufte EL gehackte Kräuter
    (z. B. Petersilie, Schnittlauch, Dill)

200 g geriebener Parmesan

4 Eier

2 TL gemahlener Kreuzkümmel

100 g Buchweizenmehl

2 TL Chilipulver

schwarzer Pfeffer aus der Mühle

fein gehackte Petersilie

1 Hirse in ein feines Sieb geben, kurz mit kaltem Wasser abbrausen und in 1 l gesalzenem Wasser zum Kochen bringen. 15 Minuten garen, bis die Hirse gequollen ist. Den Topf zugedeckt beiseitestellen und abkühlen lassen. Die Steinpilze 15 Minuten in wenig Wasser einweichen, dann waschen, fein hacken und das Einweichwasser aufheben. Zwiebeln schälen und sehr fein hacken oder reiben. Die Tomaten abtropfen lassen und in kleine Würfel schneiden. Champignons fein hacken. Den Schafskäse zerbröseln. Alles mit den Kräutern unter die abgekühlte Hirse mischen. **2** Parmesan, Eier, Kreuzkümmel, Buchweizenmehl, Chilipulver, 2 TL Salz, das Einweichwasser der Steinpilze und das Öl der getrockneten Tomaten dazugeben. Mit Salz und Pfeffer abschmecken und 15 Minuten ziehen lassen. **3** Den Grill für indirekte mittlere Hitze vorbereiten und aufheizen lassen. Hierfür zwei Kohlekörbe zur Hälfte mit glühenden Kohlen füllen und links und rechts auf den Kohlerost stellen. **4** Aus der Hirsemasse einen brotförmigen Braten formen und in die Aluschale setzen. Die Masse sollte fest zusammengedrückt sein und eine homogene geschlossene Oberfläche haben. **5** Zwei Stücke Räucherholz auf die glühenden Kohlen legen und den Grillrost auflegen. Die Aluschale mit dem Braten in die Mitte des Grillrostes zwischen die sich darunter befindenden Kohlekörbe stellen. Den Grilldeckel schließen. Nach 1 ½ Stunden den falschen Hasen herausnehmen, 10 Minuten ruhen lassen, mit Petersilie bestreuen und in ca. 2 cm breite Scheiben schneiden. **6** Dazu passen Minzsauce (Seite 288) und ein knackiger Salat.

INFO

////////////////////////////////////

Ein vegetarischer Braten,
frisch gesmokt vom Grill –
saftig, knusprig, würzig
und gehaltvoll.

////////////////////////////////////

INFOS

GRILL	Kugelgrill, Gasgrill
KOHLEN	Holzkohlebriketts
TEMPERATUR	indirekte mittlere Hitze, ca. 200 °C
ZUBEREITUNGSZEIT	50 Minuten
GRILLZEIT	1 Stunde 30 Minuten
RUHEZEIT	10 Minuten

WERKZEUGE

feines Sieb

Topf mit Deckel

2 Kohlekörbe (optional)

Kirschholzstücke zum

Smoken

Aluschale

INFOS

GRILL	Kugelgrill, einfacher Gartengrill
KOHLEN	Holzkohle, Holzkohlebriketts
TEMPERATUR	direkte mittlere Hitze, ca. 170 °C
VORBEREITUNGSZEIT	mindestens 1 Stunde Marinierzeit, besser über Nacht
ZUBEREITUNGSZEIT	20 Minuten
GRILLZEIT	40 Minuten

WERKZEUGE

beschichtete Bratpfanne // 2 Rührschüsseln // Schneebesen // Schöpflöffel

INFO

Die Spargelsaison beginnt im April und endet traditionell am Johannistag, dem 24. Juni. Wer sich das nicht merken kann, dem hilft vielleicht diese alte Bauernweisheit: „Kirschen rot, Spargel tot." Aber keine Sorge, der Spargel stirbt nicht wirklich. Er wird dann lediglich nicht mehr gestochen und wächst somit zu imposanten Büschen heran. Die Wurzeln dieser geschossenen Spargelbüsche speichern notwendige Nährstoffe, damit auch im folgenden Jahr der leckere Spargel gesund und kräftig wachsen kann.

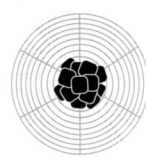

Pfannkuchen mit grünem Spargel

FÜR 5 PORTIONEN

Spargel

20 Stangen grüner Spargel

2 TL brauner Zucker

1 TL Meersalz

Saft von 2 Zitronen

Teig

30 g Butter

100 g Mehl

1 Ei

1 Eigelb

200 ml Milch

1 Prise Salz

Kräutercreme

8 EL gehackte Kräuter (z. B. Petersilie, Dill, Basilikum, Schnittlauch, Liebstöckel)

2 EL Zitronensaft

abgeriebene Schale von 1 Biozitrone

4 EL Mayonnaise

3 EL Crème fraîche

Meersalz

schwarzer Pfeffer aus der Mühle

1 Dillzweig zum Anrichten

---

1 Spargel Den Spargel waschen und ca. 2 cm von den Enden abschneiden. Die Stangen in eine flache Schüssel legen, Zucker und Salz darüberstreuen und mit dem Zitronensaft begießen. Den Spargel mindestens 1 Stunde, noch besser über Nacht marinieren. **2 Teig** Den Grill für direkte mittlere Hitze vorbereiten. Etwa einen halben Anzündkamin voll angeglühter Kohlen in der Mitte des Kohlerostes platzieren. Eine Pfanne auf den Grillrost stellen, die Butter darin zerlassen und wieder abkühlen. Mehl, Ei, Eigelb, Milch und Salz in eine Rührschüssel geben und mit dem Schneebesen gründlich verrühren. Die abgekühlte, aber noch flüssige Butter dazugeben und unterrühren. Den recht flüssigen Teig abgedeckt 30 Minuten an einer kühlen Stelle oder im Kühlschrank ruhen lassen. **3 Kräutercreme** Alle Zutaten in eine Schüssel geben, verrühren und mit Salz und Pfeffer abschmecken. **4** Den Pfannkuchenteig aus dem Kühlschrank nehmen und gut durchrühren. Die Pfanne, in der sich noch ein wenig Butter befindet, auf den Grillrost stellen und darin bei schwacher bis mittlerer Hitze fünf bis sechs Pfannkuchen möglichst dünn ausbacken. Da sich schon genügend zerlassene Butter im Teig befindet, benötigt man zum Ausbacken kein zusätzliches Fett mehr. Pfannkuchen neben dem Feuer warm stellen. **5** Den marinierten Spargel leicht abtropfen lassen und bei mittlerer Hitze etwa 15 Minuten von allen Seiten direkt grillen. Den Grilldeckel zwischendurch immer schließen. Dünnere Spargelstangen, die schon Farbe angenommen haben, in den indirekten Bereich am Rand ziehen. Wenn der Spargel fertig ist, je vier Stangen auf einen Pfannkuchen legen, 1–2 EL Kräutercreme über den Spargel geben, den Pfannkuchen eng zusammenrollen, mit etwas Dill garnieren und servieren.

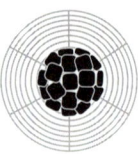

Sellerieschnitzel in Kräuter-Parmesan-Panade

FÜR 4 PORTIONEN

---

1 großer Knollensellerie

1 EL Olivenöl

Meersalz

100 g Mehl

3 Eier

schwarzer Pfeffer aus der Mühle

100 g Paniermehl

2 EL gehackte Kräuter (z. B. Petersilie,
   Dill, Schnittlauch, Koriandergrün,
   Thymian, Oregano)

10 g geriebener Parmesan

4 EL Butterschmalz

einige Schnittlauchröllchen

1 Ist die Tajine unglasiert, muss sie vorher 10 Minuten in kaltem Wasser gewässert werden. Glasierte Tajines kann man sofort einsetzen. Sellerie gründlich schälen und in etwa 1 cm dicke Scheiben schneiden. Große Scheiben halbieren. **2** Olivenöl, etwas Salz und 50 ml Wasser in die Tajine geben, die Selleriescheiben dazulegen und den Deckel schließen. Die Tajine auf das Feuer oder das Stövchen stellen und etwas Wasser an den inneren Rand gießen, um die Tajine abzudichten. Nach 30 Minuten sollte der Sellerie weich sein. **3** Den Grill für direkte hohe Hitze und auf ca. 270 °C aufheizen lassen. Selleriescheiben aus der Tajine nehmen und etwas abkühlen lassen. Drei Teller nebeneinander aufstellen: einen Teller mit Mehl, einen Teller mit den Eiern und einen Teller mit Paniermehl befüllen. Etwas Salz und Pfeffer mit dem Mehl vermischen. Die Kräuter und den Parmesan gründlich mit den Eiern verrühren. **4** Die Eisenpfanne auf den Grill stellen und aufheizen lassen. Das Butterschmalz hineingeben. Den Sellerie erst in Mehl wälzen, dann durch das Ei ziehen und zuletzt in das Paniermehl geben und rundherum gut mit den Bröseln bedecken. Selleriescheiben im heißen Butterschmalz goldgelb ausbacken. Anschließend die Sellerieschnitzel auf Küchenpapier legen, um überschüssiges Fett aufzusaugen. Mit Schnittlauchröllchen bestreut servieren. **5** Dazu passen gut Kartoffelsalat, Schnittlauchcreme (Seite 287) und grüner Salat.

INFOS

GRILL	Kugelgrill, Gartengrill	WERKZEUGE	
KOHLEN	Holzkohle, Holzkohlebriketts	Messer	
TEMPERATUR	250 °C	Schneidebrett	
VORBEREITUNGSZEIT	10 Minuten zum Wässern	Tajine	
ZUBEREITUNGSZEIT	50 Minuten	Eisenpfanne	
GRILLZEIT	10 Minuten		

//

Das Sellerieschnitzel ist ein Veggie-
Klassiker, der auch von Fleischessern
nicht verschmäht wird. Saison hat
Knollensellerie von Juli bis November,
erhältlich ist er jedoch ganzjährig.
Leider kann man Knollensellerie nicht
einfach roh auf den Grill legen. Dieses
Schicksal teilt er mit anderen festen
Gemüsesorten wie Karotten oder auch
Kartoffeln. Festes Gemüse braucht einfach
Zeit, um durchzugaren, und das wenige
enthaltene Wasser ist schnell verdampft.
Entweder muss man das Gemüse also vor-
kochen oder man erledigt das direkt vor
Ort mithilfe der Tajine.

//

DIE BESTEN
BEILAGEN
ZUM GRILLEVENT

Beim Grillen gehören Salate und andere Beilagen einfach dazu. Kartoffel- und Nudelsalat haben hier zu Recht ihren Pflichtauftritt, weil sie gut zu allem passen. Doch oft beschränkt sich die Salatauswahl auf der Grillparty allein auf diese beiden Klassiker. Schade, denn da geht nämlich noch einiges mehr! Hier eine kleine Auswahl – von einfach bis aufwendig.

Grillgemüse in der Tajine vorgaren

800 g Karotten, Sellerie, Kohlrabi,
    Kartoffeln etc.
1 TL Butter
Meersalz

1 Das Gemüse putzen, schälen und in möglichst gleich große Stücke schneiden. Karotten ganz lassen. Butter und einen Schluck gesalzenes Wasser in die Tajine geben und das Gemüse pyramidenförmig einschichten. Die Tajine mit dem Deckel verschließen und dabei darauf achten, dass der Deckel auf dem Rand der Schale aufsitzt. **2** Die Tajine über die Glut oder auf ein Stövchen stellen. Etwas Wasser in den Rand der unteren Schale gießen, um die Tajine abzudichten. Falls vorhanden, auch in die Vertiefung oben auf dem Deckel etwas Wasser gießen. Dadurch kondensiert der beim Garen entstehende Dampf und tropft auf das Gemüse zurück, sodass es im eigenen Saft gart. Die Temperatur ist gut, wenn man nach ca. 10 Minuten ein leises Brodeln hören kann. Nach 15 Minuten prüfen, ob das Gemüse den gewünschten Gargrad hat. Möchte man zum Beispiel Karotten später noch grillen, sollten sie nicht ganz durchgegart sein. **3** Wenn der gewünschte Gargrad erreicht ist, das Gemüse herausnehmen und in sehr kaltem Wasser, am besten in Eiswasser, kurz abschrecken, um den Garprozess zu unterbrechen. Das Gemüse kann jetzt gegrillt werden.

TIPP Manche Gemüsesorten sollten, bevor sie gegrillt werden, vorgegart werden. Hierzu zählen die eher festen Gemüse wie zum Beispiel Karotten, Kartoffeln, Knollensellerie, Rote Bete und Kohlrabi. Das geht in der Tajine ganz einfach und schnell. Man kann verschiedene Gemüse zusammen garen, vorausgesetzt, sie sind etwa gleich fest. Toll ist, dass jedes Gemüse seinen Eigengeschmack behält. Rote Bete sollte man separat zubereiten, weil sie stark färbt. Für die Tajine sind im Handel eigene Stövchen erhältlich. Das ist sehr praktisch, weil der Grill dann nicht von der Tajine belegt wird. Ein paar Steine mit etwas Glut darunter erfüllen aber denselben Zweck.

INFOS

GRILL	Kugelgrill
KOHLEN	Holzkohle, Holzkohlebriketts
TEMPERATUR	niedrige bis mittlere Hitze, ca. 150–180 °C
ZUBEREITUNGSZEIT	15–30 Minuten

WERKZEUGE

Messer

Sparschäler

Schneidebrett

Tajine

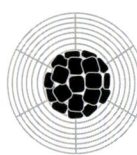

Brotfladen auf der Grillplatte

FÜR 14 FLADEN

1 kg Mehl plus etwas
    zum Verarbeiten
1 EL Meersalz
1 Würfel frische Hefe
3 EL Olivenöl
2 EL Butter oder Olivenöl
    zum Bestreichen

TIPP Diese Brotfladen kann man praktisch überall ausbacken: im Ofen, in der Pfanne, auf heißen Steinen oder – wie in diesem Fall – auf der Grillplatte. Sie sind das perfekte Brot für Steak-Sandwiches (Seite 48), Souvlaki (Seite 103) und vieles mehr. Den Teig kann man prima nebenher machen. Wichtig ist nur, dass alle Zutaten und auch die Rührschüssel gut angewärmt sind. Dann geht der Teig auf jeden Fall gut auf. Und durch ihr praktisches Format kann man die Brotfladen auch noch Tage später wieder im Toaster aufbacken.

1 Das Mehl und das Salz in eine angewärmte Rührschüssel geben und vermischen. In die Mitte eine etwa faustgroße Mulde drücken und die Hefe hineinbröseln. 100 ml warmes Wasser (etwa 35 °C) zur Hefe geben und mit einer Gabel verrühren, sodass ein breiiger Teig entsteht, der von dem übrigen Mehl umgeben ist. Den „Kratersee" aus Vorteig (so nennt man das dann) mit etwas vom umliegenden Mehl bestäuben und mit einem feuchten Tuch abdecken. An einem warmen Ort 15–20 Minuten gehen lassen, bis sich die Teigmenge etwa verdoppelt hat. **2** Dann den Vorteig mit dem übrigen umgebenden Mehl vermischen. 3 EL Olivenöl und so viel warmes Wasser zugeben, dass ein elastischer Teig entsteht, der nicht mehr am Schüsselrand klebt. Den Teig mit den Händen etwa 10 Minuten intensiv durchkneten und dann zu einer Kugel formen. Die Rührschüssel mit etwas Mehl bestäuben und die Teigkugel hineinlegen. Den Teig abgedeckt mit einem feuchten Tuch 30–60 Minuten (je nach Umgebungstemperatur) an einem warmen Ort gehen lassen, bis sich sein Volumen verdoppelt hat. **3** Den Grill für direkte mittlere Hitze vorbereiten. **4** Den aufgegangenen Teig auf einer bemehlten Fläche ca. 1 cm dick ausrollen und mit einem scharfen Messer in 14–16 Stücke teilen. Die Fladenstücke nebeneinander auf der bemehlten Fläche auslegen und mit einem trockenen Küchentuch etwa 20 Minuten zugedeckt ruhen lassen. Die Fladen sollten auf eine Dicke von etwa 2 cm aufgehen. **5** Die Grillplatte bei geschlossenem Deckel auf dem Grill erhitzen. Die Brotfladen mit etwas Butter bepinseln und auf der heißen Grillplatte bei geschlossenem Deckel 5 Minuten backen, dann wenden und weitere 5 Minuten backen. Sie sollten sich beim Klopfen hohl anhören und eine schöne braune Kruste haben.

INFOS

GRILL	Kugelgrill mit Grillplatte	**WERKZEUGE**
KOHLEN	Holzkohle, Holzkohlebriketts	Rührschüssel
TEMPERATUR	mittlere Hitze, 170–230 °C	Gabel
ZUBEREITUNGSZEIT	2 ½ Stunden	2 saubere Küchentücher
GRILLZEIT	10 Minuten	Nudelholz oder Weinflasche
		Pinsel zum Bestreichen
		Grillplatte

INFOS

ZUBEREITUNG AUF DER GRILLPLATTE BZW. IN DER PFANNE[1]
ZUBEREITUNG AUF DEM GRILL[2]

GRILL	Kugelgrill[1, 2]
KOHLEN	Holzkohle, Holzkohlebriketts[1, 2]
TEMPERATUR	direkte mittlere Hitze, ca. 200 °C[1]
	indirekte mittlere Hitze, ca.150–180 °C[2]
ZUBEREITUNGSZEIT	20 Minuten[1, 2]
GRILLZEIT	45 Minuten[1]
	1 Stunde 30 Minuten[2]

WERKZEUGE

Pfanne // Grillplatte oder Eisenpfanne // Schüssel // Messer // Schneidebrett //
Spachtel zum Wenden[1]

Backpapier // Alufolie // Schüssel // Messer // Schneidebrett // Kohlekorb[2]

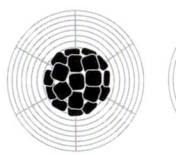 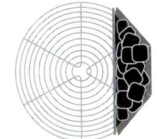

Semmelknödel vom Grill

FÜR 4 PORTIONEN

---

1 Zwiebel

1 TL Butter

4 Brötchen vom Vortag

ca. 250 ml Milch

6 gehäufte EL gehackte Petersilie

2 Eier

Meersalz

schwarzer Pfeffer aus der Mühle

frisch geriebene Muskatnuss

Öl zum Anbraten

Zubereitung auf der Grillplatte bzw. in der Pfanne

1 Den Grill für direkte mittlere Hitze vorbereiten. **2** Zwiebel schälen, fein würfeln und in der Butter in einer Pfanne auf dem Grill glasig anschwitzen. Anschließend die Grillplatte auf den Grill legen und aufheizen lassen. Optional kann man auch eine große Eisenpfanne verwenden. **3** Die Brötchen in sehr feine Würfel schneiden. Die angeschwitzten Zwiebeln mit allen weiteren Zutaten in einer Schüssel vermischen und 10 Minuten ziehen lassen. Die Masse sollte feucht, aber nicht nass oder gar matschig sein. Je nach Beschaffenheit der Brötchen etwas mehr oder weniger Milch verwenden. Mit einem Löffel ca. 1,5 cm dicke Fladen auf die geölte Grillplatte geben und unter mehrmaligem Wenden langsam goldbraun ausbacken.

Zubereitung auf dem Grill

1 Den Grill für indirekte mittlere Hitze vorbereiten. Hierfür ein Drittel des Kohlerostes mit glühenden Kohlen belegen oder einen Kohlekorb verwenden und diesen ganz an den Rand des Kohlerostes schieben. **2** Alle Zutaten für die Semmelknödel wie beschrieben verarbeiten. Dann die Masse locker in Backpapier einschlagen, sodass eine längliche Rolle entsteht. Die Rolle zusätzlich in Alufolie wickeln und die Enden fest verschließen. Die Rolle auf die indirekte Seite des Grillrostes legen. Bei mittlerer Hitze ca. 1 ½ Stunden grillen. Auspacken, 5 Minuten ausdampfen lassen und aufschneiden.

INFO

//

Es ist kinderleicht, Semmelknödel ganz ohne Wasser auf dem Grill zuzubereiten.

//

Grillkraut

FÜR 4–6 PORTIONEN

1 Kopf Weißkohl

Sonnenblumenöl

1 EL Meersalz

1 TL brauner Zucker

1 EL Kümmel

4 EL Essig

Zubereitung auf dem Grill

❶ Den Grill für direkte mittlere Hitze vorbereiten. **❷** Den Weißkohl waschen und in ca. 2 cm dicke Scheiben schneiden. Weißkohlscheiben leicht einölen und bei mittlerer Hitze und geschlossenem Grilldeckel beidseitig braun anrösten. Nicht zu oft wenden, da das Kraut dann zu sehr zerfällt. Dann die Weißkohlscheiben vom Grill nehmen und jeweils den Strunk herausschneiden. Das Kraut in dünne Streifen schneiden und in eine Schüssel geben. Salz und Zucker zugeben und gut mit dem Kraut vermischen. 1 Stunde ziehen lassen. Dann die Flüssigkeit abgießen und das Kraut etwas ausdrücken. Kümmel, Essig und 3 EL Öl dazugeben und vermischen. Je länger das Kraut zieht, desto besser. Vor dem Servieren am besten noch mal leicht im Grill erwärmen.

Zubereitung in der Grillpfanne

Hat man eine Grillpfanne zur Hand, das Kraut zuerst klein schneiden und dann unter Zugabe von wenig Öl in der heißen Grillpfanne etwa 5 Minuten anrösten. Immer nur so viel Kraut in die Pfanne geben, dass es sich noch gut wenden lässt. Dann das Kraut mit Salz und Zucker mischen und wie beschrieben fortfahren.

INFOS

GRILL	Kugelgrill
KOHLEN	Holzkohle, Holzkohlebriketts
TEMPERATUR	direkte mittlere Hitze, ca. 180 °C
ZUBEREITUNGSZEIT	ca. 1 Stunde 30 Minuten
GRILLZEIT	ca. 20 Minuten

WERKZEUGE

Schneidebrett
großes Messer
flache Schüssel oder
Gastronorm-Behälter mit
Deckel (Seite 331)
eventuell Grillpfanne

Schnelle Grillkartoffeln

FÜR 4 PORTIONEN

---

8 gegarte mehligkochende Kartoffeln
4 EL Butter
Meersalz
2 TL Oregano- oder Thymianblättchen

1 Den Grill für direkte hohe Hitze vorbereiten. Hierfür zwei Drittel des Kohlerostes mit glühenden Kohlen belegen. **2** **Kartoffeln** ungeschält auf ein Küchenbrett legen und mit der Faust oder der flachen Hand vorsichtig drücken, bis sie aufbrechen. Jeweils ½ TL **Butter,** etwas **Salz** und **Oregano-** bzw. **Thymianblättchen** in jede Kartoffel geben. Kartoffeln erst locker in Backpapier einwickeln, dann in Alufolie einschlagen. Nun die Kartoffeln etwas flacher drücken. Direkt 30 Minuten grillen, ohne sie zwischendurch zu wenden. Kartoffelpäckchen herunternehmen und aufeinandergestapelt bereitstellen. (Sie bleiben eingepackt 30 Minuten heiß.)

TIPP Wenn man vorgekochte Kartoffeln zum Grillen mitbringt, ist dieses Rezept eine schnelle und leckere Möglichkeit, eine tolle Beilage zu zaubern. Die Kartoffeln werden auf einer Seite knusprig und auf der anderen Seite buttrig-weich. Was die Würze angeht, können Sie ruhig kreativ sein und eigene Variationen ausprobieren, zum Beispiel die Kartoffeln mit verschiedenen Kräutern würzen oder das Rezept auch mit Käse, Chili, Knoblauchbutter oder Speckwürfeln ergänzen.

INFOS

TEMPERATUR	direkte hohe Hitze, ca. 250 °C
ZUBEREITUNGSZEIT	10 Minuten
GRILLZEIT	30 Minuten

WERKZEUGE

Küchenbrett

Backpapier

Alufolie

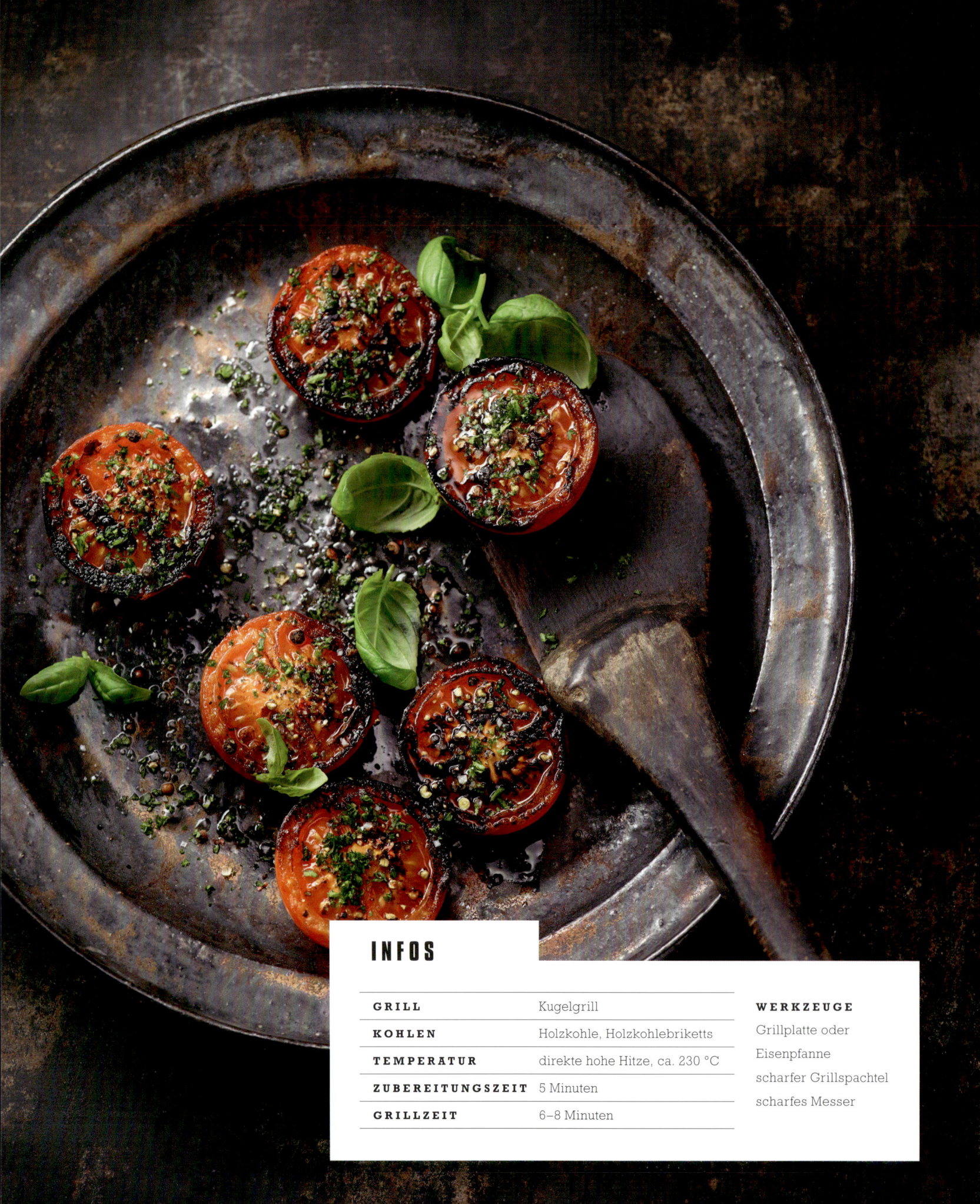

INFOS

GRILL	Kugelgrill
KOHLEN	Holzkohle, Holzkohlebriketts
TEMPERATUR	direkte hohe Hitze, ca. 230 °C
ZUBEREITUNGSZEIT	5 Minuten
GRILLZEIT	6–8 Minuten

WERKZEUGE

Grillplatte oder
Eisenpfanne
scharfer Grillspachtel
scharfes Messer

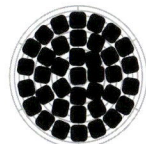

Gebrannte Tomaten

FÜR 4 PORTIONEN

4 reife, aber feste mittelgroße Tomaten
Olivenöl
Meersalz
schwarzer Pfeffer aus der Mühle
Fleur de Sel
1 Handvoll fein gehacktes Basilikum
und fein gehackte Petersilie

1 Den Grill für direkte hohe Hitze vorbereiten und aufheizen. Dann eine Grillplatte oder Eisenpfanne auflegen und bei geschlossenem Deckel aufheizen lassen. Die Temperatur ist richtig, wenn ein Wassertropfen auf der Grillplatte tanzt. **2** Die Tomaten halbieren, die Schnittfläche mit Olivenöl bestreichen und salzen. Ein wenig Olivenöl auf die Grillplatte oder in die Pfanne geben und verteilen. Tomaten mit der Schnittfläche nach unten auf die Grillplatte legen und 6–8 Minuten heiß braten. Dabei die Tomaten nicht bewegen, da sie sonst zerreißen. **3** Mit einem Spachtel die Tomatenhälften ablösen. Die Schnittfläche sollte nahezu schwarz sein. Die Tomaten mit ein wenig Olivenöl beträufeln, mit Pfeffer und Fleur de Sel würzen, die Kräuter darüberstreuen und servieren.

INFO

//

Eine absolut simple, aber delikate Beilage. Die leicht angebrannte Schnittfläche der Tomate beschert uns in Kombination mit Öl, Salz, Pfeffer und Kräutern eine kleine Geschmacksexplosion. Bei den Kräutern hat man natürlich freie Hand. Auch Schnittlauch, Koriander, Oregano oder Thymian passt wunderbar.

//

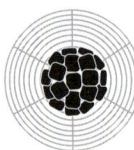

FÜR 4–6 PORTIONEN

600 g festkochende Kartoffeln
    (z. B. Linda, Selma, Sieglinde,
    Bamberger Hörnchen, Nicola,
    Exquisa, La Ratte, Cilena)

200 g Knollensellerie
50 g Bauchspeck
1 Zwiebel
2 EL Schweineschmalz ohne Grieben

Meersalz
schwarzer Pfeffer aus der Mühle
1 Rosmarinzweig

1 Den Grill für direkte mittlere bis hohe Hitze vorbereiten. Hierfür einen Anzündkamin voll Kohlen zum Glühen bringen und eher mittig auf dem Kohlerost verteilen. Der Kohlenhaufen sollte im Durchmesser etwas größer als die Pfanne sein.
2 Kartoffeln und Sellerie schälen und in möglichst gleich große Würfel à ca. 1,5 cm schneiden. Die Kartoffelwürfel unter kaltem Wasser abspülen und trocken tupfen. Den Speck fein würfeln. Die Zwiebel schälen und klein schneiden. Die Pfanne auf den Grill stellen, aufheizen lassen und das Schmalz in der Pfanne erhitzen. Dabei darauf achten, dass das Fett nicht heftig raucht. Ist die Temperatur zu hoch, einige Kohlen herausnehmen. Die Kartoffel- und Selleriewürfel in die Pfanne geben und bei mittlerer Hitze etwa 25 Minuten goldbraun braten. Dabei nicht zu oft wenden, weil sie sonst auseinanderfallen. Wer kann, sollte die Kartoffeln durch Schwenken der Pfanne bewegen: Sind die Kartoffeln schön braun, die Zwiebeln dazugeben und mitrösten. Wenn die Zwiebeln nach etwa 5 Minuten angebräunt sind, Speck dazugeben und etwa 4 Minuten mitbraten. Salzen und pfeffern. Rosmarinnadeln abzupfen, dazugeben, kurz mitrösten, alles in eine warme Schüssel geben und heiß servieren.

TIPP Bratkartoffeln lassen sich ideal in einer Eisenpfanne auf dem Grill zubereiten. Ich würde sogar behaupten, dass das die beste Methode überhaupt ist, da die Pfanne gleichmäßig mit moderater Hitze versorgt wird. Für Bratkartoffeln ist ein einfacher Gartengrill ohne Haube völlig ausreichend. Für ein gutes Gelingen hier noch ein paar Tipps:

- Bratkartoffeln immer ins heiße Fett geben, da sie sich sonst vollsaugen.
- Gutes Fett oder Öl verwenden. Es trägt maßgeblich zum guten Geschmack bei. Klassiker sind Schweine- oder Butterschmalz.
- Nicht bei zu hoher Hitze braten. Das Fett darf keinesfalls rauchen.
- Kartoffelstücke oder -scheiben möglichst gleich groß schneiden.
- Zwiebeln erst dann dazugeben, wenn die Kartoffeln goldbraun sind. Speck erst kurz vor Ende der Bratzeit hinzufügen.
- Will man sehr knusprige Bratkartoffeln, Zwiebeln separat zubereiten.

- Festkochende Kartoffelsorten verwenden.
- Will man rohe Kartoffeln braten, diese nach dem Schneiden unter kaltem Wasser gut abspülen, besser noch 30 Minuten im kalten Wasser liegen lassen. So wird die Kartoffelstärke abgewaschen und sie kleben beim Braten nicht so sehr zusammen.
- Will man gekochte Kartoffeln braten, dann nur Pellkartoffeln und keine Salzkartoffeln verwenden, weil diese leicht matschig werden. Am besten eignen sich Pellkartoffeln vom Vortag.

Bratkartoffeln mit Sellerie und Speck

INFOS

GRILL	Kugelgrill, einfacher Gartengrill ohne Haube
KOHLEN	Holzkohle, Holzkohlebriketts
TEMPERATUR	direkte mittlere bis hohe Hitze, ca. 220–250 °C
ZUBEREITUNGSZEIT	20 Minuten
GRILLZEIT	35 Minuten

WERKZEUGE

Sparschäler

Schneidebrett

Messer

Schüssel

große Eisenpfanne

Grillspachtel

INFOS

GRILL	Kugelgrill, Gasgrill	WERKZEUGE
KOHLEN	Holzkohle, Holzkohlebriketts	Kohlekorb
TEMPERATUR	indirekte mittlere Hitze, ca. 200 °C	Sparschäler
ZUBEREITUNGSZEIT	30 Minuten	Messer
GRILLZEIT	ca. 45 Minuten	Alufolie
RUHEZEIT	5 Minuten	Schneidebrett

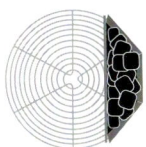

Rote Bete vom Grill

FÜR 4 PORTIONEN

4 Rote Bete à ca. 200 g
4 EL Olivenöl
8 Knoblauchzehen
8 Lorbeerblätter
8 EL Balsamico-Essig
Meersalz
schwarzer Pfeffer aus der Mühle
16 gehackte Basilikumblätter

1 Den Grill für indirekte mittlere Hitze vorbereiten und 20 Minuten aufheizen lassen. Hierfür die glühenden Kohlen auf einer Seite des Grillrostes verteilen oder einen Kohlekorb füllen. **2** Rote Bete waschen, schälen und halbieren. Die Schnittflächen leicht einölen und die Rote-Bete-Hälften direkt ca. 5 Minuten anrösten, bis sie ein paar dunkle Stellen haben. Knoblauch schälen. Aus der Alufolie vier Päckchen formen, die glänzende Seite der Folie kommt nach außen. Je zwei Rote-Bete-Hälften in ein Paket legen und jeweils zwei Knoblauchzehen, zwei Lorbeerblätter, 2 EL Balsamico-Essig und 1 EL Olivenöl zugeben. Mit Salz und Pfeffer würzen. Alles leicht vermengen und die Päckchen verschließen. Die Rote-Bete-Päckchen auf der indirekten Seite des Grills bei 200 °C ca. 40 Minuten schmoren lassen. Dabei den Grilldeckel geschlossen halten. Die untere Lüftung ganz öffnen und die obere Lüftung halb schließen. **3** Die Päckchen nach 40 Minuten auspacken, etwas abkühlen lassen, Rote Bete in Scheiben oder Würfel schneiden, mit der Sauce aus den Päckchen übergießen und mit Basilikum bestreut servieren. Dazu die Knoblauchzehen reichen. **4** Dazu passt frisches Baguette oder Weißbrot.

Grüne Bohnen und Kartoffeln

FÜR 4–6 PORTIONEN

500 g grüne Bohnen

250 g kleine festkochende Kartoffeln

1 Bund Bohnenkraut

Meersalz

3 Knoblauchzehen

2 rote Zwiebeln

Saft von 2 Zitronen

4 EL gutes Olivenöl

1 EL rote Pfefferbeeren

3 EL gehackte Petersilie

schwarzer Pfeffer aus der Mühle

❶ Bohnen waschen und putzen. Kartoffeln waschen und große eventuell halbieren. (Junge Kartoffeln müssen nicht geschält werden.) Kartoffeln in die Tajine geben. Das Bohnenkraut darauflegen und die Bohnen darüberschichten. 2 TL Meersalz in einer Tasse Wasser auflösen und über das Gemüse gießen. Die Tajine schließen und über das Feuer oder die Glut stellen. Etwas Wasser an den Rand der Tajine geben, um sie abzudichten. Das Gemüse 30–40 Minuten garen. Bei der Zubereitung im Topf Bohnen und Kartoffeln in 500 ml Salzwasser mit dem Bohnenkraut ca. 30 Minuten garen. ❷ Knoblauch schälen und fein hacken. Zwiebeln schälen und in feine Ringe schneiden. Wenn das Gemüse gar ist – die Bohnen sollten noch etwas Biss haben –, in eine Schüssel umfüllen. Zitronensaft, Olivenöl, Knoblauch, Pfefferbeeren, Zwiebeln und Petersilie untermischen und mit Salz und Pfeffer abschmecken. ❸ Schmeckt prima zu Lammgerichten (ab Seite 148).

INFO

//

Ein leckerer lauwarmer Salat, gegart in der Tajine. Das geht natürlich auch zu Hause in einem normalen Kochtopf.

//

INFOS

VORBEREITUNGSZEIT 20 Minuten

ZUBEREITUNGSZEIT 30–40 Minuten

WERKZEUGE
Schneidebrett // Messer // Tajine oder Kochtopf
mit Deckel // Salatschüssel

Kartoffelsalat mit Kapern

FÜR 4–6 PORTIONEN

Saft von 1 Zitrone
5 EL heller Balsamico-Essig
6 EL Olivenöl
4 EL Gemüsebrühe
Meersalz
schwarzer Pfeffer aus der Mühle
1 kg festkochende Kartoffeln (z. B.
    Linda, Belana, Solara, La Ratte,
    Bamberger Hörnchen)
60 g Kapern
1 Bund glatte Petersilie
1 rote Zwiebel
10 Cocktailtomaten

1 Zitronensaft, Balsamico-Essig, Olivenöl, Gemüsebrühe, Salz und Pfeffer zu einer Vinaigrette verrühren und beiseitestellen. **2** Kartoffeln unter fließendem Wasser abbürsten. Kartoffeln in Salzwasser gar kochen, abgießen, mit kaltem Wasser abschrecken und etwas abkühlen lassen. Feine Kartoffelsorten sollte man nicht schälen, da sich unter der Schale wertvolle Inhaltsstoffe verbergen, die man auch schmeckt. Wenn man die Schale nicht mitessen möchte, die Kartoffeln pellen, sobald sie nicht mehr zu heiß sind. (Man sollte die Kartoffeln nicht kalt werden lassen, da sie sonst die Vinaigrette nicht mehr so gut aufnehmen.) Die Kartoffeln in nicht zu kleine Stücke schneiden, mit den abgetropften Kapern zur Vinaigrette geben und vorsichtig durchmischen. Schüssel abdecken und den Kartoffelsalat 15 Minuten ziehen lassen. Petersilie waschen, trocken schütteln und klein schneiden. Zwiebel schälen und in feine Ringe schneiden. Die Cocktailtomaten waschen und halbieren. Alles unter die Kartoffeln heben und den Salat lauwarm servieren.

INFOS

ZUBEREITUNGSZEIT	45 Minuten
RUHEZEIT	15 Minuten
WERKZEUGE	
Kochtopf, 4 l // Schüssel	

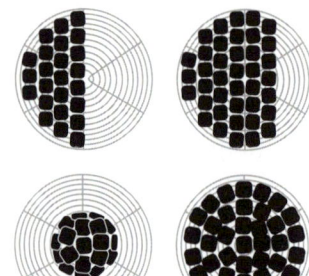

Gegrillte Paprika mit Knoblauch

FÜR 4 PORTIONEN

4–6 rote Paprikaschoten
6 EL Olivenöl
2 Knoblauchzehen
Meersalz
schwarzer Pfeffer aus der Mühle

1 Den Grill für direkte mittlere Hitze vorbereiten und auf ca. 200 °C aufheizen lassen. Höhere Temperaturen sind ebenso möglich, man muss die Paprikaschoten dann nur öfter wenden. **2** Die Paprikaschoten mitsamt ihrem Stiel direkt über die Kohlen auf den Grillrost legen. Ab und zu wenden und mit einer Gabel flach auf den Grillrost drücken. Die Schale soll möglichst schwarz werden, aber nicht komplett verkohlen. Nach ca. 20 Minuten die Schoten vom Grill nehmen, 10 Minuten abkühlen lassen und dann einfach mit den Fingern die Schale abziehen. Der Stiel ist hierbei sehr hilfreich zum Festhalten. **3** Olivenöl in eine Tasse geben, Knoblauch dazupressen, Salz und Pfeffer dazugeben und gründlich verrühren. Geschälte Schoten in breite Streifen schneiden, Kerne und Stiele entfernen. Paprika auf einem großen Teller anrichten und das Knoblauchöl darübergießen. **4** Passt entweder als Beilage gut zu deftigen Fleisch- oder Fischgerichten oder solo mit Weißbrot.

TIPP Diese leckere Beilage kann man prima während des Aufheizens des Grills zubereiten. Die Paprika braucht wenig Aufmerksamkeit und darf gern anbrennen, da die Schale später sowieso abgezogen wird.

INFOS

GRILL	Kugelgrill
KOHLEN	Holzkohle, Holzkohlebriketts
TEMPERATUR	direkte mittlere Hitze, ca. 200 °C oder mehr
ZUBEREITUNGSZEIT	20 Minuten
GRILLZEIT	20 Minuten
RUHEZEIT	10 Minuten

WERKZEUGE

Schneidebrett

Messer

Gabel

Knoblauchpresse

INFOS

GRILL	Kugelgrill
KOHLEN	Holzkohlebriketts
TEMPERATUR	indirekte mittlere Hitze, ca. 200 °C
ZUBEREITUNGSZEIT	30 Minuten
GRILLZEIT	ca. 45 Minuten

WERKZEUGE

Schneidebrett // Küchentuch // Messer // Sparschäler // flache
Auflaufform oder Gastronorm-Behälter (Seite 331)

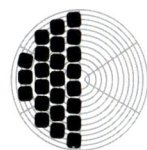

Kartoffelgratin

FÜR 4–6 PORTIONEN

800 g festkochende Kartoffeln

1 Knoblauchzehe

1 TL Butter für die Form

300 ml Sahne

1 gute Prise Muskat

Meersalz

schwarzer Pfeffer aus der Mühle

50 g würziger geriebener Käse
  (Gruyère oder Appenzeller)

30 g geriebener Parmesan
  oder Pecorino

1 Den Grill für indirekte mittlere Hitze vorbereiten. **2** Die Kartoffeln schälen und in ca. 3 cm dicke Scheiben schneiden. Die Kartoffelscheiben unter fließendem kaltem Wasser gründlich abspülen und mit einem Küchentuch trocken tupfen. Die Knoblauchzehe halbieren und die Auflaufform innen gründlich damit einreiben. Die Form mit Butter ausstreichen und die Kartoffelscheiben aufrecht in die Form schichten. Sahne, Muskat, Salz und Pfeffer verrühren und über die Kartoffeln gießen. Die Kartoffelscheiben sollten zu etwa zwei Dritteln bedeckt sein. Beide Käsesorten darüberstreuen und die Form auf die indirekte Seite des Grillrostes stellen. Den Grilldeckel schließen und das Gratin ca. 45 Minuten backen.

Nudelsalat mit Minze und Tomaten

Die Nudeln in reichlich gut gesalzenem Wasser bissfest kochen – pro Liter Wasser ca. 1 gestrichenen EL Salz zugeben. Die Cocktailtomaten waschen und vierteln. Die Frühlingszwiebeln waschen, putzen und in feine Ringe schneiden. Tomaten, Frühlingszwiebeln, Minze, Pfeffer, 1 gestrichenen TL Salz und Olivenöl in einer Salatschüssel vermischen. Nudeln abtropfen lassen und heiß mit der Mischung in der Schüssel vermengen. Der Salat schmeckt lauwarm oder kalt.

500 g kurze Nudeln (z. B. Tortiglioni, Penne, Farfalle, Orecchiette)
Meersalz
30 Cocktailtomaten
5–6 Frühlingszwiebeln
6–8 EL gehackte Minzblättchen
1 TL schwarzer Pfeffer
8 EL gutes Olivenöl

Bulgursalat

Den Bulgur mit 400 ml Wasser und 1 TL Salz zum Kochen bringen. Wenn das Wasser fast verkocht ist, den Herd ausschalten, den Topf mit einem Küchentuch abdecken und den Deckel auflegen. Der Bulgur zieht so schonend durch und bleibt leicht bissfest. Cocktailtomaten waschen und vierteln. Frühlingszwiebeln waschen, putzen und in feine Ringe schneiden. 10 Minuten vor dem Servieren alle restlichen Salatzutaten mit dem abgekühlten Bulgur vermischen. Eventuell nachsalzen.

200 g Bulgur
Meersalz
150 g Cocktailtomaten
6 Frühlingszwiebeln
4 EL fein gehackte Minzblättchen
2 EL Olivenöl
1 EL Apfelessig oder heller Balsamico-Essig
1 Prise frisch geriebene Muskatnuss
½ TL schwarzer Pfeffer

INFOS

NUDELSALAT MIT MINZE UND TOMATEN

ZUBEREITUNGSZEIT 15 Minuten

WERKZEUGE
großer Kochtopf, 6 l // Schneidebrett //
Messer // Küchentuch // Salatschüssel

BULGURSALAT

ZUBEREITUNGSZEIT 30 Minuten

WERKZEUGE
Schneidebrett // Messer // Kochtopf mit
Deckel // Küchentuch // Schüssel

TIPP Der Bohnensalat ist zwar etwas aufwendig, schmeckt aber hervorragend! Die weißen Bohnen kann man auch schon am Vortag zubereiten, dann schmecken sie noch besser. Bohnensaison ist von Mai bis Oktober, heimische Bohnen kauft man am besten von Juli bis September.

INFOS

BUNTER BOHNENSALAT

ZUBEREITUNGSZEIT	40 Minuten
GARZEIT	2 ½ Stunden

WERKZEUGE
Schneidebrett // Messer // kleiner Kochtopf // mittlerer Kochtopf // Salatschüssel

TOMATEN-ZWIEBEL-SALAT

ZUBEREITUNGSZEIT	50 Minuten

WERKZEUGE
Schneidebrett // Messer // Salatschüssel

Bunter Bohnensalat

FÜR 4–6 PORTIONEN

1 Knoblauch schälen und halbieren. Chilischote in Ringe schneiden. Die weißen Bohnen mit Olivenöl, 500 ml Wasser, Knoblauch, Chili, Salbeiblättern und 1 TL Pfeffer in einen kleinen Topf geben und zum Kochen bringen. Bohnen bei schwacher Hitze ca. 2 ½ Stunden köcheln lassen, bis sie weich sind und das Wasser verkocht ist. Sollten die Bohnen, wenn das Wasser verkocht ist, noch nicht weich sein, etwas Wasser zugeben und weiterkochen. Fertige Bohnen mit Salz abschmecken und etwas abkühlen lassen. **2** Die grünen und gelben Bohnen waschen, putzen und in gesalzenem Wasser zum Kochen bringen. Bohnenkraut zugeben und die Bohnen ca. 15 Minuten kochen, bis sie noch Biss haben. Zwiebeln schälen und in Ringe schneiden. Bohnen abgießen und mit Zitronensaft, Zwiebeln und Thymian vermischen. Mit Salz und Pfeffer würzen. Dann die weißen Bohnen unterheben und den Salat 10 Minuten ziehen lassen.

4–5 Knoblauchzehen

1 scharfe rote Chilischote

200 g kleine weiße Bohnenkerne

150 ml Olivenöl

10 Salbeiblätter

schwarzer Pfeffer aus der Mühle

Meersalz

200 g grüne und gelbe Buschbohnen

5–6 Bohnenkrautzweige

2 mittelgroße rote Zwiebeln

Saft von 2 Zitronen

1 EL Thymianblättchen

Tomaten-Zwiebel-Salat

FÜR 4–6 PORTIONEN

Die Zwiebeln schälen und in feine Ringe schneiden. Zwiebelringe in eine Salatschüssel geben. Zitronensaft, Balsamico-Essig, Olivenöl, Salz und Pfeffer hinzufügen, vermengen und ca. 30 Minuten ziehen lassen. Kurz vor dem Servieren die Tomaten waschen, putzen, in Scheiben oder Achtel schneiden und mit der Petersilie zugeben. Alles vorsichtig mischen und eventuell mit Salz abschmecken.

500 g milde Zwiebeln

Saft von 1 Zitrone

3 EL heller Balsamico-Essig

4 EL Olivenöl

1 TL Meersalz

schwarzer Pfeffer aus der Mühle

500 g Tomaten

3–4 EL glatte grob gehackte Petersilie

Kartoffel-Sellerie-Püree

FÜR 4 PORTIONEN

1 Den Grill für indirekte mittlere Hitze vorbereiten. Dafür einen halben Anzündkamin voll glühender Briketts auf ein Drittel des Kohlerostes geben, die anderen zwei Drittel frei lassen. Alternativ einen Kohlekorb verwenden und diesen ganz an den Rand des Kohlerostes schieben. **2** Kartoffeln und Sellerie schälen und würfeln. Kartoffeln und Sellerie in ein großes Stück Backpapier einschlagen und zusätzlich in Alufolie wickeln, sodass ein topfähnliches, oben offenes Paket entsteht. 1 TL Salz in 200 ml Wasser auflösen und in die Öffnung gießen. Dann das Paket dicht verschließen, auf die indirekte Seite des Rostes legen und den Grilldeckel wieder schließen. 30–40 Minuten garen. Kartoffeln und Sellerie in einer Schüssel unter Zugabe von Butter, Milch und Muskat zu einem Püree zerstampfen. Ist das Püree zu fest, noch etwas Milch dazugeben. Mit Salz abschmecken.

400 g mehligkochende Kartoffeln
200 g Knollensellerie
Meersalz
2 EL Butter
ca. 100 ml möglichst heiße Milch
¼ TL frisch geriebene Muskatnuss

Erbspüree mit Wasabi und Wodka

FÜR 4–6 PORTIONEN

1 Den Grill für direkte hohe Hitze vorbereiten. **2** Den Topf über die Kohlen in den Grill stellen und aufheizen. Die Erbsen mit der Butter in den Topf geben und so lange kochen, bis die Erbsen weich sind. Wodka und Wasabipulver dazugeben, den Topf vom Grill nehmen und die Erbsen mit dem Stabmixer pürieren. Die Sahne unterziehen und das Erbspüree mit Salz würzen.

300 g TK-Erbsen
1 TL Butter
4 cl Wodka
½ TL Wasabipulver
60 ml Sahne
Meersalz

INFOS

KARTOFFEL-SELLERIE-PÜREE[1]
ERBSPÜREE MIT WASABI UND WODKA[2]

GRILL	Kugelgrill[1, 2]
KOHLEN	Holzkohlebriketts[1, 2], Holzkohle[2]
TEMPERATUR	indirekte mittlere Hitze, ca. 170 °C[1] direkte hohe Hitze, ca. 220 °C[2]
ZUBEREITUNGSZEIT	20 Minuten[1], 15 Minuten[2]
GRILLZEIT	30–40 Minuten[1]

WERKZEUGE

Kohlekorb // Schneidebrett // Messer // Sparschäler // Backpapier //
Alufolie // mittelgroße Schüssel // Kartoffelstampfer[1]
mittlerer Topf oder Gusstopf // Stabmixer[2]

Grüne Bohnen mit Speck

FÜR 4–6 PORTIONEN

1 Den Grill für direkte mittlere Hitze vorbereiten. **2** Die Bohnen waschen, putzen und in die Tajine geben. Bohnenkraut dazulegen. Etwas Wasser und Zitronensaft hinzufügen. Die Tajine mit dem Deckel verschließen und dabei darauf achten, dass er auf dem Rand der Schale aufsitzt. Die Tajine auf den heißen Grillrost stellen und die Bohnen bissfest garen. Alternativ die Bohnen mit 1 TL Salz, Bohnenkraut und Zitronensaft in 1 l Wasser ca. 10 Minuten im Kochtopf vorkochen. **3** Zwiebel schälen und grob würfeln. Speck klein schneiden. Die Grillpfanne auf den heißen Grillrost stellen und aufheizen lassen. Die Bohnen abtropfen lassen, das Bohnenkraut entfernen. Bohnen mit dem Olivenöl vermischen und in die Grillpfanne legen. Etwa 10 Minuten unter häufigem Wenden grillen, Speck und Zwiebeln dazugeben. 5 Minuten weitergrillen, bis die Zwiebeln glasig sind und der Speck gar ist. Alles in eine Schüssel geben, mit Salz und Pfeffer würzen und servieren.

300 g grüne Bohnen
1 Bund Bohnenkraut
Saft von ½ Zitrone
Meersalz
1 kleine Zwiebel
50 g Bauchspeck
2 EL Olivenöl
schwarzer Pfeffer aus der Mühle

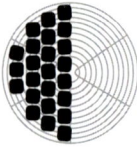

Grüner Spargel mit Speck

FÜR 4 PORTIONEN

1 Den Spargel waschen und ca. 2 cm der Enden abschneiden. Spargelstangen in eine flache Schüssel geben, mit Salz und Zucker bestreuen und mit Zitronensaft beträufeln. Der Spargel sollte etwa 1–2 Stunden, besser länger in der Marinade ziehen. Spargel währenddessen hin und wieder wenden. **2** Den Grill für direkte mittlere Hitze vorbereiten. Den fertig marinierten Spargel abtropfen lassen. Je drei Stangen mit einer Scheibe Bauchspeck oder Bacon umwickeln und diesen mit einem Zahnstocher befestigen. Die Spargelpäckchen 10 Minuten von allen Seiten grillen und dann sofort servieren.

24 Stangen grüner Spargel
1 TL Meersalz
1 EL brauner Zucker
Saft von 2 Zitronen
8 Scheiben dünner Bauchspeck
    oder Bacon

INFOS

GRÜNE BOHNEN MIT SPECK[1]
GRÜNER SPARGEL MIT SPECK[2]

GRILL	Kugelgrill[1,2], Gasgrill[1]
KOHLEN	Holzkohle, Holzkohlebriketts[1,2]
TEMPERATUR	direkte mittlere Hitze, ca. 180 °C[1] direkte mittlere Hitze, ca. 200 °C[2]
VORBEREITUNGSZEIT	20 Minuten[1] mindestens 1–2 Stunden Marinierzeit[2]
ZUBEREITUNGSZEIT	15 Minuten[2]
GRILLZEIT	ca. 25 Minuten[1], 10 Minuten[2]

WERKZEUGE

Schneidebrett // Messer // Tajine oder Kochtopf mit Deckel //
Grillpfanne[1] // Gemüsemesser // flache Schüssel // Zahnstocher[2]

TIPP Der Vorspeisen-klassiker schlechthin! Bruschetta ist aber auch gut als Beilage, wenn es schnell gehen soll. Wichtig ist, die Tomaten erst kurz vor dem Servieren zu salzen, da sie sonst zu wässrig werden.

INFOS

GEFÜLLTE CHAMPIGNONS[1]
BRUSCHETTA[2]

GRILL	Kugelgrill[1, 2]
KOHLEN	Holzkohle, Holzkohlebriketts[1, 2]
TEMPERATUR	direkte mittlere Hitze, ca. 200 °C[1] direkte niedrige bis mittlere Hitze, ca. 170 °C[2]
ZUBEREITUNGSZEIT	20 Minuten[1, 2]
GRILLZEIT	20 Minuten[1], 4 Minuten[2]

WERKZEUGE
Schneidebrett // Messer // kleine Schüssel[1, 2]
Alufolie[1]

Gefüllte Champignons

FÜR 4 PORTIONEN

1 Den Grill für direkte mittlere Hitze vorbereiten und auf ca. 200 °C aufheizen lassen. **2** Salbei waschen, trocken schütteln und fein hacken. Knoblauch schälen und klein schneiden. Salbei und Knoblauch mit Butter, Salz und Pfeffer vermischen. Stiele der Champignons abbrechen und die Gewürzbutter in die Pilzköpfe füllen. Champignons mit der gefüllten Seite nach oben so in Alufolie wickeln, dass kein Saft austreten kann. Die Champignons 20 Minuten direkt grillen. Währenddessen nicht wenden, da sonst die flüssige Butter ausläuft. Auspacken und möglichst heiß servieren.

1 Bund frischer Salbei

2–3 Knoblauchzehen

3 EL Butter

1 gute Prise Meersalz

schwarzer Pfeffer aus der Mühle

12 große Champignons

Bruschetta

FÜR 4 PORTIONEN

1 Den Grill für direkte mittlere Hitze vorbereiten und aufheizen lassen. **2** Die Cocktailtomaten waschen. Zwiebel schälen. Tomaten und die Zwiebel in möglichst kleine Würfel schneiden und in eine Schüssel füllen. Gehackte Kräuter untermischen. **3** Die Brotscheiben auf dem Grill von beiden Seiten jeweils 2 Minuten anrösten. Knoblauch schälen, halbieren und die gerösteten Brotscheiben mit der Knoblauchzehe einreiben. Salz, Pfeffer und Olivenöl zu den Tomaten geben und die Mischung auf den Brotscheiben verteilen. Sofort servieren.

20 Cocktailtomaten

1 Zwiebel

2 EL fein gehackte Petersilie

2 EL fein gehacktes Basilikum

12 Scheiben Baguette
  oder Stangenweißbrot

1 Knoblauchzehe

1 TL Meersalz

1 TL schwarzer Pfeffer

4 EL gutes Olivenöl

Rettichsalat

Rettich schälen, dünn hobeln und die Rettichscheiben in eine Schüssel füllen. 1 EL Salz dazugeben, vermischen und 20 Minuten Wasser ziehen lassen. Anschließend das Wasser abgießen. Die Rettichscheiben ausdrücken, mit Zitronensaft, Öl und Pfeffer vermischen. Wenn möglich, den Salat 1 Stunde kalt stellen. Schnittlauch waschen, trocken schütteln, in Röllchen schneiden und dazugeben.

1 weißer Rettich
1 EL Meersalz
Saft von 2–3 Zitronen
2 EL Öl
schwarzer Pfeffer aus der Mühle
1 Bund Schnittlauch

Reissalat

Reis in Salzwasser bissfest kochen und etwas abkühlen lassen. Den Reis in eine Schüssel umfüllen. Frühlingszwiebeln waschen, putzen und in feine Ringe schneiden. Chilischote entkernen und klein schneiden. Zitronensaft, Öl, Essig, Zitronenabrieb, Chili und Frühlingszwiebeln zum abgekühlten Reis geben und vermischen. Mit Salz abschmecken. Die Orangen filetieren. Erst kurz vor dem Servieren Koriandergrün und Orangenfilets unterheben.

INFO

//

Die Orangenfilets verleihen dem würzigen Salat eine Extraportion fruchtige Saftigkeit.

//

500 g Reis
Meersalz
8 Frühlingszwiebeln
1 rote Chilischote
Saft von 2 Zitronen
4 EL Walnuss- oder Olivenöl
2 EL Reisessig oder heller
   Balsamico-Essig
abgeriebene Schale von 1 Biozitrone
2 Orangen
4 EL fein gehacktes Koriandergrün

INFOS

RETTICHSALAT

ZUBEREITUNGSZEIT	10 Minuten
RUHEZEIT	1 Stunde 20 Minuten

WERKZEUGE

Sparschäler // Messer oder Gemüsehobel //
Salatschüssel

REISSALAT

ZUBEREITUNGSZEIT	45 Minuten

WERKZEUGE

Schneidebrett // Messer // mittlerer Kochtopf //
Salatschüssel

DIE BESTEN
SAUCEN
UND MARINADEN

Alle guten Marinaden haben neben der Eigenschaft, den Geschmack zu verbessern, die Gemeinsamkeit, Enzyme oder Säuren zu enthalten, die das Fleisch mürber und zarter machen. Diese Enzyme findet man auch in einigen Früchten, zum Beispiel in Ananas, Papaya, Kiwi oder Feigen, weshalb sich dieses Obst, das auch gut zu Schweinefleisch passt, sehr gut zum Marinieren eignet. Und da bei der natürlichen Reifung von Fleisch Milchsäure eine entscheidende Rolle spielt, eignen sich auch Joghurt, Milch oder Buttermilch sehr gut zum Marinieren. Ebenso Bier, Wein, Zitronensaft und Essig. Auf Salz in einer Marinade sollte man hingegen grundsätzlich verzichten, da dem Fleisch durch das lange Einlegen zu viel Flüssigkeit entzogen wird und es trocken werden würde. Auch zu langes Marinieren kann einen gegenteiligen Effekt verursachen. Die natürlichen Säuren der Marinade denaturieren die Proteine in rohem Fleisch oder Fisch. Man kennt das vielleicht von den spanischen Boquerones. Hier werden rohe Sardinen mit Zitronensaft beträufelt. Die Sardinen werden fast umgehend weiß und sehen aus wie gekocht. Chemisch gesehen passiert hier nämlich genau dasselbe wie beim Kochen. Marinieren mit Säuren ist also so etwas wie „kalt kochen". Die Säuren arbeiten hierbei auch mit dem im Fleisch enthaltenen Wasser. Mit der Zeit drängen sie jedoch das Wasser hinaus und lassen das Fleisch so trocken und zäh werden. Als Faustregel könnte man sagen: Je säurehaltiger bzw. aktiver eine Marinade ist, desto kürzer sollte man marinieren. Man sollte darauf achten, dass das Fleisch während des Marinierens vollständig von der Marinade umgeben ist. Bei großen und dicken Stücken funktioniert das am besten, wenn man Fleisch und Marinade in einen Frischhaltebeutel mit Zipverschluss gibt, die Luft herausdrückt und den Beutel gut verschließt.

Die Mengenangaben bei den folgenden Rezepten gelten jeweils für 1 Kilogramm Fleisch.

Knoblauchsauce

Knoblauch schälen. Eier, Eigelbe, Knoblauch und Zitronensaft in den Standmixer geben und etwa 10 Sekunden auf mittlerer Stufe zerkleinern. Das Öl in dünnem Strahl dazugießen, bis eine eher flüssige Mayonnaise entstanden ist. Die Knoblauchsauce mit Salz und Pfeffer abschmecken. Wer eine festere Mayonnaise bevorzugt, verwendet nur die Eigelbe, ohne das Eiweiß. Für eine etwas frischere Variante einfach 2 EL Crème fraîche oder Sauerrahm unterrühren.

10 frische Knoblauchzehen (oder mehr)
3 sehr frische Eier
3 sehr frische Eigelb
Saft von 1 Zitrone
ca. 400 ml Pflanzenöl
Meersalz
weißer Pfeffer aus der Mühle

Kräutersauce

1 Eier, Eigelbe und Zitronensaft in den Standmixer geben und etwa 10 Sekunden auf mittlerer Stufe zerkleinern. Das Öl in dünnem Strahl dazugießen, bis eine eher flüssige Mayonnaise entstanden ist. **2** Die Kräuter waschen, trocken schütteln, zupfen und fein hacken. Kräuter und Sauerrahm zugeben und unterrühren. Werden die Kräuter mitpüriert, wird aus der Kräutersauce eine grüne Sauce. **3** Verwendet man als Kräuter Borretsch, Kerbel, Kresse, Petersilie, Pimpinelle, Schnittlauch und Sauerampfer, wird aus der grünen Sauce eine Frankfurter Grüne Sauce.

3 sehr frische Eier
3 sehr frische Eigelb
Saft von 1 Zitrone
ca. 400 ml Pflanzenöl
je 1 Bund Petersilie, Schnittlauch, Dill etc.
200 g Sauerrahm
.

Rouille

Knoblauch schälen und pressen. Die Chilischote entkernen und sehr fein hacken. Knoblauch, Chili, Mayonnaise und alle anderen Zutaten verrühren und mit Salz abschmecken.

1 Knoblauchzehe
1 Chilischote
100 g Mayonnaise (Seite 287)
100 g Sauerrahm oder Crème fraîche
Saft von ½ Zitrone
2 EL Pernod
1 TL edelsüßes Paprikapulver
1 TL Dijonsenf
1 Msp. Safranpulver
Meersalz

KNOBLAUCHSAUCE

KRÄUTERSAUCE

ROUILLE

TIPP Die Rouille ist eine klassische Sauce, die hauptsächlich zu Fischgerichten, zum Beispiel zur Bouillabaisse, gereicht wird. Die hier beschriebene Version mit Mayonnaise ist einfacher draußen beim Grillen zu realisieren und passt spitzenmäßig zu den Fischfilets (ab Seite 176). Je nach Geschmack kann man natürlich mehr Chili oder mehr Knoblauch verwenden.

MAYONNAISE

LIMETTENMAYONNAISE

SCHNITTLAUCHCREME

Mengenangaben für 1 kg Fleisch

Grundrezept Mayonnaise

Eigelbe, Zitronensaft, Pfeffer und Senf in ein Becherglas geben, in das der Stabmixer gerade so hineinpasst. Die Zutaten gut mixen. Dann das Öl tropfenweise dazugeben und weitermixen, bis die Masse etwas andickt. Dann unter ständigem Weitermixen mehr Öl hinzufügen, bis die Mayonnaise die gewünschte Konsistenz hat. Mit Salz abschmecken.

2 sehr frische Eigelb

Saft von ½ Zitrone

weißer Pfeffer aus der Mühle

½ TL Senf (optional)

250 ml Öl (Sonnenblumen-, Raps- oder Olivenöl)

Meersalz

Limettenmayonnaise

Eigelbe, Limettenabrieb und Limettensaft, Pfeffer, Senf, Honig und etwas Salz in ein Becherglas geben und mit dem Stabmixer gründlich mixen. Zuerst das Sesamöl tropfenweise dazugeben, bis die Masse andickt. Dann das Sonnenblumenöl dazugeben, bis eine feste Mayonnaise entstanden ist. Zuletzt das Limettenfruchtfleisch unterrühren, die Sauce mit Meersalz abschmecken und abgedeckt kühl stellen.

2 sehr frische Eigelb

Saft und abgeriebene Schale von 2 Biolimetten

weißer Pfeffer aus der Mühle

½ TL Senf

½ TL Honig

Meersalz

50 ml Sesamöl

200 ml Sonnenblumenöl

1 TL Limettenfruchtfleisch

Schnittlauchcreme

Mayonnaise, Crème fraîche oder Sauerrahm, Schnittlauchröllchen und Zitronensaft in eine Schüssel geben. Alles gut vermischen und bis zum Verzehr kühl stellen.

3 EL Mayonnaise (siehe oben)

2 EL Crème fraîche oder Sauerrahm

3 EL Schnittlauchröllchen

einige Spritzer Zitronensaft

Tomatensauce

Die Dosentomaten in Stücke schneiden und beiseitestellen. Knoblauch schälen und in dünne Scheiben schneiden. Das Öl in einem Topf so stark erhitzen, dass es fast raucht. Dann den Knoblauch in das heiße Öl geben und maximal 15 Sekunden anbraten. Tomaten und Nelken dazugeben, umrühren, den Deckel auflegen, die Hitze reduzieren und die Sauce etwa 1 Stunde auf kleiner Flamme köcheln lassen. Dann die Lorbeerblätter zugeben und ½–1 Stunde weiterkochen. Währenddessen öfter umrühren, damit die Sauce nicht anbrennt. Die Sauce ist fertig, wenn sich keine Flüssigkeit mehr auf ihrer Oberfläche absetzt. Die Tomatensauce großzügig salzen und mit etwas Pfeffer würzen. Den Herd ausschalten und die Tomatensauce etwa 10 Minuten abgedeckt ziehen lassen. Wer keine Tomatenstückchen mag, entfernt die Gewürze und püriert die Sauce kurz mit dem Stabmixer. Aufgrund des enthaltenen Olivenöls wird die Sauce dann allerdings eher orangefarben als rot sein.

2 große Dosen geschälte Tomaten
    (à 800 g)
4 Knoblauchzehen
6 EL Olivenöl
3 Nelken
2 Lorbeerblätter
Meersalz
schwarzer Pfeffer aus der Mühle

Minzsauce

Minzblätter waschen und hacken. Minze, Balsamico-Essig und Honig mit 3–4 EL kochendem Wasser in ein Becherglas geben und mit dem Stabmixer pürieren. Sauerrahm oder Crème fraîche dazugeben und kurz untermixen. Sauce mit Salz kräftig abschmecken und abgedeckt kühl stellen. Die Minzsauce schmeckt am besten, wenn sie über Nacht ziehen kann.

5 EL Minzblätter
2 EL heller Balsamico-Essig
1 TL Honig
2 EL Sauerrahm oder
    Crème fraîche
Meersalz

Orangensauce

Zwei Orangen mit einem scharfen Messer so schälen, dass nichts von der weißen Schale mit abgeschält wird. Alle Orangen auspressen. Orangensaft, Orangenschale, Zucker und Butter in einen Topf geben, aufkochen und zu einer sirupartigen Konsistenz einkochen lassen. Orangenschale herausnehmen. Den Topf vom Feuer nehmen und den Grand Marnier einrühren.

5 Orangen
15 g Zucker
30 g kalte Butter
30 ml Grand Marnier

TIPP Der Klassiker für Pasta, aber auch sehr lecker anstelle von Ketchup, zu gegrilltem Huhn oder zu Veggie-Gerichten. Je länger die Sauce langsam kocht, desto süßer schmeckt sie. Schnell gekocht, wird sie säuerlich-fruchtig.

TOMATENSAUCE

MINZSAUCE

ORANGENSAUCE

Mengenangaben für 1 kg Fleisch

Scharfe Sauce

Den Kümmel ohne Fett in einer Bratpfanne anrösten.
Abkühlen lassen. Tomaten waschen und den Stielansatz
herausschneiden. Chilischoten entkernen. Knoblauch
schälen. Tomatenmark, Tomaten, Chilis, Knoblauch und
Kümmel in den Standmixer geben und auf mittlerer Stufe
mixen. Das Olivenöl dazugeben, kurz langsam mitmixen
und die Sauce mit Salz abschmecken.

1 TL Kümmel
100 g Tomaten
6 scharfe Chilischoten (oder mehr)
1–2 Knoblauchzehen
200 g Tomatenmark
50 ml Olivenöl
Meersalz

Chimichurri

Knoblauch schälen und sehr fein hacken oder pressen. Die
Chilischote entkernen und klein schneiden. Knoblauch, Chili
und die restlichen Zutaten gründlich verrühren und mit etwas
Wasser zu einer pestoähnlichen Konsistenz vermischen. Die
Chimichurri-Sauce am besten am Vortag zubereiten und kühl
stellen. Vor dem Servieren nochmals kräftig durchrühren.

8 Knoblauchzehen
1 scharfe Chilischote
125 ml Olivenöl
60 ml Rotweinessig
3 EL fein gehackte Petersilie
3 EL fein gehackte Oreganoblättchen
ca. ½ TL Meersalz

SCHARFE SAUCE

CHIMICHURRI

INFO

//

In Argentinien ist Chimichurri eine unver-
zichtbare Sauce zu gegrilltem Rind. Die
Variationen sind zahlreich und laden zum
Experimentieren ein. Hier ein Grundrezept.

//

TERIYAKISAUCE

BARBECUESAUCE

Teriyakisauce

Alle Zutaten in einen Topf geben und zum Kochen bringen. Die Teriyakisauce bis zur gewünschten Konsistenz reduzieren. Statt Zucker kann man auch Honig verwenden.

8 EL Sojasauce

4 EL Sake

4 EL Mirin (japanischer süßer Reiswein)

1 EL brauner Zucker

1 TL frisch geriebener Ingwer

2 EL Sesamöl

Barbecuesauce

Knoblauch schälen und pressen. Alle Zutaten bis auf Bier und Salz vermischen. Nur so viel Bier zugeben, bis eine cremige, dickflüssige Sauce entstanden ist. Mit Salz abschmecken.

2 Knoblauchzehen

4 EL Tomatenmark

80 ml Ketchup

100 ml Worcestersauce

50 ml Sojasauce

250 ml Olivenöl

150 g Honig oder Zuckerrübensirup

80 ml Apfelessig

1 TL Senf

1 TL getrockneter Oregano

1 ½ TL getrockneter Thymian

1–2 TL Cayennepfeffer oder Chilipulver

100 ml Bier oder Malzbier

Meersalz

Paprikacreme

Den Grill für direkte mittlere bis hohe Hitze vorbereiten. Die
Paprikaschoten direkt heiß grillen, bis die Haut schwarz ist.
Alternativ die Paprika im heimischen Backofen 20 Minuten bei
200 °C rösten. Paprika etwas abkühlen lassen, dann die Haut
abziehen. Knoblauch schälen und grob zerkleinern. Paprika,
Öl, Zitronensaft und Knoblauch in ein Becherglas geben und
mit dem Stabmixer pürieren. Mit Salz würzen.

4 rote Paprikaschoten
4 Knoblauchzehen
4 EL Olivenöl
1 EL Zitronensaft
½ TL Meersalz

Paprikasalsa

Für die Salsa die Paprikaschoten waschen, das Kerngehäuse
und alle weißen Trennwände entfernen. Paprika in sehr kleine
Würfel schneiden oder grob reiben. Zwiebel schälen, ebenso
fein schneiden oder reiben. Honig, Olivenöl, Limettensaft,
Balsamico-Essig, Salz und Pfeffer gründlich verrühren und
mit Paprika und Zwiebeln vermischen. Zuletzt den Koriander
unter die Salsa rühren.

2 grüne Paprikaschoten
1 Zwiebel
1 TL Honig
2 EL Olivenöl
Saft von 2 Limetten
1 EL Balsamico-Essig
½ TL Meersalz
½ TL schwarzer Pfeffer
2 EL gehacktes Koriandergrün

PAPRIKACREME

PAPRIKASALSA

Pesto rosso

Walnüsse kurz in einer Pfanne anrösten. **Radicchioblätter** waschen, trocken schütteln und grob zerkleinern. **Knoblauch** schälen und vierteln. **Parmesan** oder **Pecorino** würfeln. Walnüsse, Radicchio und Knoblauch in ein Becherglas oder den Standmixer geben. Abgetropfte **Tomaten, Basilikumblätter,** Parmesan oder Pecorino, **Olivenöl,** je 1 TL **Salz** und **Pfeffer** zugeben und mixen, bis eine grobe Paste entstanden ist. Die **Fenchelsamen** unterrühren und mit **Salz** und **Pfeffer** abschmecken. Das Pesto rosso abgedeckt kühl stellen.

50 g Walnüsse
120 g Radicchio
4 Knoblauchzehen
50 g Parmesan oder Pecorino
150 g getrocknete Tomaten in Öl
20 Basilikumblätter
150 ml Olivenöl
Meersalz
schwarzer Pfeffer aus der Mühle
1 EL Fenchelsamen

Chilipesto

Die **Nussmischung** ohne Fett in einer Pfanne anrösten und abkühlen lassen. **Chilischoten** gründlich waschen und entkernen. **Knoblauch** schälen und vierteln. **Parmesan** grob zerkleinern. Chili, Nüsse, Parmesan, Knoblauch, **Öl** und **Salz** in den Standmixer geben und zu einem groben Pesto mixen. Verwendet man einen Stabmixer, die Zutaten zuvor etwas klein hacken. Das Pesto in ein sauberes Glas umfüllen, die Oberfläche mit **Olivenöl** bedecken und kühl stellen.

100 g gemischte Nüsse
  (z. B. Pinienkerne,
  Kürbiskerne, Walnüsse)
30 grüne Chilischoten
3–4 Knoblauchzehen
50 g Parmesan
150–200 ml Olivenöl plus
  etwas für das Glas
1 TL Meersalz

Bärlauch-Minze-Pesto

Bärlauch und **Minze** waschen und grob zerkleinern. **Pinienkerne** ohne Fett in einer Pfanne anrösten und nur leicht bräunen. **Knoblauch** schälen und vierteln. **Parmesan** oder **Pecorino** grob zerkleinern oder grob reiben. Alle Zutaten mit **Olivenöl** in den Mixer geben und bei niedriger Geschwindigkeit zu einem körnigen Pesto verarbeiten. Nicht zu lange mixen, da das Olivenöl leicht mit der Feuchtigkeit der Kräuter emulgiert, ähnlich wie bei einer Mayonnaise. Das ist zwar nicht schlimm, sieht aber nicht sehr schön aus. Das fertige Pesto mit **Salz** und **Pfeffer** würzen und in eine kleine Glasschale füllen. Dann abdecken und beiseitestellen.

150 g frische Bärlauchblätter
1 gute Handvoll frische Minze
  (ca. 30 Blätter)
50 g Pinienkerne
4 Knoblauchzehen
50 g Parmesan oder Pecorino
100 ml Olivenöl
½ TL Meersalz
1 TL schwarzer Pfeffer

PESTO ROSSO

CHILIPESTO

BÄRLAUCH-MINZE-PESTO

TIPP Für das Chili-
pesto eignen sich grüne
Chilischoten am besten.

INFO

//

Bärlauch wird in Kombination mit Minze zu
einem Spitzenpesto. Er wächst von März bis
Mai und wird vielerorts in dieser Zeit auch
auf Wochenmärkten angeboten.

//

ORANGENBUTTER

KRÄUTERBUTTER

ZITRONENBUTTER

Mengenangaben für 1 kg Fleisch

Orangenbutter

In einem kleinen Topf den Orangensaft stark einkochen, bis er eine sirupartige Konsistenz hat. Dann Orangenabrieb, Butter und Salz dazugeben. Verrühren, vom Feuer nehmen, in eine kleine Schale oder Tasse gießen, den Safran einrühren und abkühlen lassen.

Saft und abgeriebene Schale von
   2 Bioorangen
200 g Butter
1 Prise Meersalz
0,1 g Safran

Zitronenbutter

Die Zitronen heiß abwaschen und trocken reiben. Dann mit einer feinen Reibe oder einem Zestenreißer die Schale abreiben. Eine Zitrone auspressen. Den Zitronensaft mit 1 EL Butter in einen kleinen Topf geben und unter ständigem Rühren einkochen, bis eine sirupartige Konsistenz erreicht ist. Die restliche Butter dazugeben und schmelzen lassen. Den Topf vom Feuer nehmen und den Zitronenabrieb dazugeben. Gut mit einem Schneebesen verrühren, mit dem Zucker abschmecken, in eine Schale umfüllen und im Kühlschrank erkalten lassen. Durchrühren, sobald die Masse etwas fester geworden ist.

3 Biozitronen
200 g Butter
1 Prise Zucker

Kräuterbutter

Die Butter in eine Schüssel geben und alle restlichen Zutaten hinzufügen. Alles gründlich vermischen, kurz kühl stellen und etwas fester werden lassen. Eine Lage Alufolie ausbreiten und mit einer Lage Frischhaltefolie belegen. Die Masse als länglichen Strang auf die Frischhaltefolie geben und mit der Alufolie zu einem etwa 15 cm langen Riesenbonbon formen. (Das funktioniert auch gut mit Backpapier.) Die Folien an den Enden fest zudrehen. Die Kräuterbutter im Kühlschrank erkalten lassen und zum Servieren in Scheiben schneiden. Weitere geeignete Kräuter sind zum Beispiel Liebstöckel, Basilikum, Schnittlauch, Dill, Zitronenmelisse, Bärlauch und Kerbel.

250 g zimmerwarme frische Butter
2 EL sehr fein gehackte Petersilie
1 EL sehr fein gehackte
   Thymianblättchen
1 EL sehr fein gehackte
   Oreganoblättchen
1 EL sehr fein gehackte
   Estragonblättchen
1 EL sehr fein gehackte Schalottenwürfel
½ TL Meersalz
½ TL schwarzer Pfeffer

Zaziki

Die Gurke schälen und mit einem Teelöffel die Kerne herausschaben. Das Gurkenfruchtfleisch grob raspeln und in eine Schüssel geben. Circa 2 EL Meersalz hinzufügen, vermischen und Wasser ziehen lassen. Nach 1 Stunde das Wasser abgießen. Die Gurkenraspel in ein Küchentuch einschlagen und gut ausdrücken. Knoblauch schälen und pressen. Joghurt, Gurken, Knoblauch, Öl und Essig verrühren. Mit Salz abschmecken.

1 Salatgurke
Meersalz
10 Knoblauchzehen (oder mehr)
500 g griechischer Joghurt
50 ml Olivenöl
1–2 EL Weißweinessig

Hummus

Kichererbsen in einem Sieb abtropfen lassen und die Flüssigkeit dabei auffangen. Kichererbsen in einen Standmixer geben. 4 EL Kichererbsenwasser hinzufügen. Den Knoblauch schälen und dazugeben. Tahini, Salz, Kreuzkümmel und Zitronensaft dazugeben und alles zügig mixen. Dann die Geschwindigkeit reduzieren und das Olivenöl langsam hinzufügen, bis eine cremige Paste entstanden ist. Hummus mit Salz abschmecken und mit Petersilie bestreut servieren.

800 g Kichererbsen aus der Dose
    plus 4 EL Kichererbsenwasser
2–3 Knoblauchzehen
4 EL Tahini (Sesampaste)
1 TL Meersalz
1 TL Kreuzkümmel
4 EL Zitronensaft
8 EL gutes Olivenöl
etwas gehackte Petersilie

TIPP Die berühmte Kichererbsenpaste schmeckt selbst gemacht natürlich am besten. Tahini und Kichererbsen bekommt man übrigens im türkischen Einzelhandel.

TIPP Klassiker! Und mit griechischem Joghurt am besten.

ZAZIKI

HUMMUS

Mengenangaben für 1 kg Fleisch

Rotweinmarinade

Rosmarin waschen, trocken schütteln und mit den restlichen Zutaten mischen. Anstelle von frischen Kräutern kann man auch getrocknete verwenden.

MARINIERZEIT 6–12 Stunden

1 Rosmarinzweig

300 ml Rotwein

8 EL Olivenöl

2 EL Zitronensaft

2 EL Senf

1 EL Oreganoblättchen

1 EL Thymianblättchen

Rieslingmarinade

Knoblauch schälen und klein hacken. Knoblauch, Riesling, Salz, Pfeffer und Honig zu einer Marinade anrühren. Den Rosmarin waschen und trocken schütteln. Rosmarin und Lorbeerblätter unzerkleinert dazugeben. Beim Marinieren über Nacht das Salz weglassen! Gut für Fisch (ab Seite 176)!

MARINIERZEIT 2–12 Stunden

2 Knoblauchzehen

500 ml halbtrockener Riesling

1 TL Meersalz

schwarzer Pfeffer aus der Mühle

1 TL Honig

8 Rosmarinzweige

4 Lorbeerblätter

Biermarinade

Alle Zutaten zu einer Marinade anrühren.

TIPP Die Biermarinade eignet sich besonders gut für Schweinefleisch, zum Beispiel für Schweinenackensteaks (Seite 84) und Schweinshaxe (Seite 68).

MARINIERZEIT ca. 12 Stunden

2 EL Senf

4 EL Olivenöl

2 EL Zitronensaft

2 TL brauner Zucker

300 ml helles Bier

2 EL getrockneter Thymian

6 Lorbeerblätter

8 zerdrückte Wacholderbeeren

1 TL schwarzer Pfeffer

Lamm-Marinade spicy

Den Kümmel in einer Pfanne ohne Fett kurz anrösten und anschließend mörsern. Knoblauch schälen und pressen. Kümmel, Knoblauch und alle restlichen Zutaten gründlich vermischen. Das Fleisch großzügig mit der Marinade einreiben und in Frischhaltefolie wickeln. Vor dem Grillen etwas abtupfen. Passt gut zu Lammkeule (Seite 160).

MARINIERZEIT 6–12 Stunden

1 TL Kümmel

4 Knoblauchzehen

60 ml Olivenöl

15 ml Sojasauce

3 EL Zitronensaft

1 TL getrockneter Thymian

1 TL getrockneter Oregano

½ TL Chilipulver

Marinade hot 'n' spicy

Die Chilischoten entkernen und fein hacken. Knoblauch schälen und sehr klein schneiden. Balsamico-Essig, Chili, Knoblauch, Salbei, Zucker und Olivenöl verrühren. Passt prima zu Huhn!

MARINIERZEIT 1–2 Stunden

2–3 scharfe Chilischoten

4 Knoblauchzehen

5 EL Balsamico-Essig

2 gehäufte EL fein gehackte Salbeiblätter

2 TL brauner Zucker

4 EL Olivenöl

Teriyakimarinade

Alle Zutaten für die Teriyakimarinade in einen kleinen Topf geben und auf kleiner Flamme auf etwa die Hälfte reduzieren, bis eine sirupartige Konsistenz erreicht ist. Abkühlen lassen.

TIPP Teriyakimarinade eignet sich sehr gut für Geflügel- oder Schweinefleisch. Achtung: Es ist eine sehr aktive Marinade! Geflügel maximal 2 Stunden und festeres Fleisch maximal 3 Stunden einlegen.

MARINIERZEIT 2–3 Stunden

160 ml Sojasauce

160 ml Mirin (japanischer süßer Reiswein)

80 ml Reisessig (alternativ verdünnte Essigessenz)

160 ml Sake (alternativ halbtrockener Riesling)

2 EL brauner Zucker

4 EL Sesamöl (oder nach Geschmack auch Olivenöl, Pflanzenöl)

Mengenangaben für 1 kg Fleisch

Joghurtmarinade

MARINIERZEIT 12–24 Stunden

Knoblauch schälen und fein hacken. Knoblauch und alle restlichen Zutaten für die Marinade in eine Schüssel geben und mit dem Schneebesen verrühren.

5 Knoblauchzehen

1 EL Rosmarinnadeln

1 EL getrockneter Thymian

1 TL schwarzer Pfeffer

200 g Joghurt

8 EL Olivenöl

abgeriebene Schale von 1 Biozitrone

1 TL Honig

TIPP Die Joghurtmarinade eignet sich gut für Lamm, aber auch für Schweinenackensteaks (Seite 84).

Mexikanische Marinade

MARINIERZEIT 1–2 Stunden

Knoblauch schälen und fein hacken. Alle Zutaten zugeben und zu einer Marinade anrühren.

6 Knoblauchzehen

80 ml Apfelessig

80 ml Weißweinessig

80 ml Olivenöl

3 geh. EL fein gehacktes Koriandergrün

Saft von 1 Limette

2 TL gemahlener Kreuzkümmel

1 TL frisch gemörserter
  schwarzer Pfeffer

1 TL getrockneter Oregano

TIPP Für Rindfleisch und Schweinefleisch. Achtung, sehr aktiv!

Tomatenmarinade

MARINIERZEIT 12–24 Stunden

Alle Zutaten zu einer Marinade verrühren.

5 EL Tomatenmark

2 TL Kümmel

2 EL Ahornsirup oder Honig

1 TL schwarzer Pfeffer

3 EL Olivenöl

TIPP Tomatenmarinade passt gut zu Huhn und Schwein. Am besten die Marinade vor dem Grillen nicht abtupfen, sondern mitgrillen. So erhält man eine würzige Kruste.

UND JETZT EIN WENIG

THEORIE

Holzkohlebriketts aus
Holzmehl

RAN AN DIE
KOHLEN!

Briketts aus
Kokosschalen

Holzkohlebriketts aus
Kohlenstaub

Irgendwann hat der Mensch begriffen, dass es besser ist, das mühsam erjagte Fleisch nicht direkt über das Feuer zu halten, wo es schnell verbrennt, sondern besser die Strahlungswärme des Feuers zu nutzen. Also steckte man das Fleisch auf Spieße oder spannte es auf hölzerne Gestelle, um es **nah an,** aber eben nicht in den Flammen langsam zu garen. In Argentinien werden auch heute noch ganze Rinder „al asado" zubereitet und unser Drehspieß funktioniert nach dem gleichen Prinzip. Hierbei ist dem Menschen wohl wiederum aufgefallen, dass die Temperatur bei den lodernden Flammen stark schwankt, während die Hitze neben einem schönen Gluthaufen stabil bleibt. Zack, wieder was gelernt! Glut ist besser als Flammen!

Um aus einem Holzstapel eine gute, haltbare Glut zu bekommen, braucht es aber ein etwas größeres Feuerchen aus harten Laubhölzern. Und ein bisschen Zeit und Erfahrung sollte man auch mitbringen. Deshalb ist die Zubereitung an der selbst gemachten Holzglut auch eher was für Spezialisten. Da ist das Grillen mit Holzkohle schon wesentlich einfacher. Das Verkokeln des Holzes hat uns schon der freundliche Köhler abgenommen und die entstandene Kohle glüht lange, heiß und schwefelfrei. Die meisten Griller verwenden entweder Holzkohle oder Holzkohlebriketts. Hier die wesentlichen Unterschiede:

HOLZKOHLEN

+ glühen schnell an
+ glühen sehr heiß
– verglühen schneller als Briketts

HOLZKOHLEBRIKETTS

– glühen langsamer an
– glühen etwas kühler
+ glühen wesentlich länger als Holzkohlen

HOLZKOHLE

Beim Kauf von Holzkohle sollte man darauf achten, dass sich nicht zu viel Kohlenstaub und Kohlenbruch in der Tüte befindet, was auf mindere Qualität schließen lässt. Der Kohlenstaub setzt sich in der Kohlentüte am Boden ab, wo er leicht von außen ertastet werden kann.

Gute Holzkohlen sind glänzend-schwarz, färben wenig ab und haben beim Anschlagen einen hellen Klang. **Restaurant-Holzkohle** oder **Gastronomie-Holzkohle** wird in der Regel in Säcken verkauft, die mindestens 10 Kilo fassen. Diese Kohlenstücke sind wesentlich größer und glühen länger, lassen sich aber aufgrund ihrer Größe nicht gut im normalen Anzündkamin vorglühen. Zum Vorglühen dieser großen Stücke sollte man die Kohlen ganz klassisch zu einem Hügel aufhäufen und mit Grillanzünder und ein paar dünnen Holzscheiten entzünden.

HOLZKOHLEBRIKETTS

Holzkohlebriketts werden normalerweise aus Holzkohlestaub gepresst. Meist kommt hierbei ein Bindemittel zum Einsatz, in der Regel Kartoffel- oder Maisstärke. Manche Hersteller verpressen auch Hartholzmehl ohne Bindemittel und verkohlen dieses dann erst zu Briketts.

Auch Kokosnussschalen werden zu hochwertigen Briketts verpresst. Diese leider etwas teureren Stücke glühen sehr lange, sehr heiß und praktisch rauchfrei. Bindemittel wie die erwähnten Speisestärken sind unbedenklich und nicht gesundheitsschädlich. Manche Hersteller verwenden jedoch andere Bindemittel, zum Beispiel Pech, das auch bei der Herstellung von Holzkohle anfällt, Bitumen, Lacke und Farben. Von solchen Briketts würde ich persönlich unbedingt abraten. Sicherheit gewährt hierbei eine europäische DIN-Norm, die DIN EN 1860-2, oder das DIN-Plus-Zeichen vom TÜV Rheinland. Ferner garantiert dieses Siegel, dass das Produkt keine fossilen Kohlearten wie Braunkohle enthält. Auf der Website vom TÜV (siehe www.dincertco.tuv.com) findet man unter Branchen „Brennstoffe und Grillen" alle registrierten Hersteller und ihre Produkte. Sehr praktisch!

WANN KOHLE, WANN BRIKETTS?

Für die meisten, eher kurzen Grillmanöver reicht gute Holzkohle völlig aus. Sind die Kohlen gut angeglüht, liefern sie je nach Menge bis zu 1 Stunde gute Hitze. Will man zum Beispiel ein paar gute Steaks perfekt grillen, wäre Holzkohle die bessere Wahl. Die meisten Steaks lieben hohe Hitze und das eigentliche Grillen des Fleisches dauert nur 5–8 Minuten. Möchte man jedoch länger grillen, kommt man an Holzkohlebriketts nicht vorbei. Wenn beispielsweise über den Tag verteilt immer wieder neue Gäste kommen, sind die langlebigen Briketts eine echte Hilfe. Gute Produkte brennen bis zu 4 ½ Stunden und durch geschicktes Nachlegen weiterer Briketts steht dem Dauereinsatz des Grills nichts im Weg. Das hin und wieder auch mal etwas zeitaufwendigere indirekte Grillen ist zwar auch mit normalen Holzkohlen möglich, wird aber durch den Einsatz von Briketts wesentlich entspannter. Besonders „Longjobs" wie Pulled Pork, Brisket oder Spareribs sind ohne gute Holzkohlebriketts nur schwer vorstellbar. Clever angeordnet, läuft der Grill bis zu 16 Stunden, ohne dass man Briketts nachlegen muss. Mehr dazu im Rezept für Pulled Pork auf Seite 88.

BRIKETTS AUS BRAUNKOHLE

Die Verwendung von Braunkohle zur Herstellung von Grillbriketts ist nicht verboten und der Handel bietet entsprechend viele Produkte an. Braunkohlebriketts zum Grillen haben allerdings keinen besonders guten Ruf. Das liegt daran, dass sie aufgrund des niedrigeren Kohlenstoffgehalts einen geringeren Heizwert haben, sich meist schwer entzünden lassen und dabei gern stinken und qualmen. Allerdings sind sie günstig und – erst mal ordentlich zum Glühen gebracht – gesundheitlich unbedenklich. Im Gegensatz zu Holzkohlebriketts bilden sie eine gelbliche bis braune Asche. Sie glühen ähnlich lange wie Holzkohlebriketts, sofern sie nicht vorher einfach ausgehen, was einigen Braunkohlebriketts den Namen „Löschbriketts" eingebracht hat.

BRIKETTS AUS KOKOSSCHALEN

Diese Briketts sind, wie bereits erwähnt, etwas teurer, aber für manche Einsätze sehr praktisch. Da sie sehr fest und homogen verpresst sind, glühen sie sehr lange und gleichmäßig. Beispielsweise beim Einsatz am Drehspieß leisten sie wertvolle Dienste. Einfach fünf bis sechs kalte Stücke auf die vorgeglühten Holzkohlebriketts legen und man hat gut 4 Stunden Glut. Bei derart sparsamem Einsatz relativiert sich der Preis schnell. Zudem müssen für die Herstellung von Kokoskohlen keine Bäume gefällt werden, da sie nur aus ohnehin anfallenden Kokosschalen gewonnen werden. Sie glühen sehr heiß, fast völlig rauchfrei und erzeugen nur sehr wenig Asche. Kokoskohlen kommen in verschiedenen Formen in den Handel: als Würfel, Eier oder in Stangenform mit Loch. Für die Anwendung als Langzeitkohlen empfehle ich die Stangenform. Kokoskohle kann mit Sand oder auch Wasser gelöscht werden und ist dann problemlos wieder verwendbar.

LAGERUNG

Holzkohle und Briketts müssen unbedingt trocken gelagert werden. Kohle zieht, ähnlich wie Salz, schnell Feuchtigkeit an. Sie lässt sich dann nur schwer entflammen und qualmt stark.

HOLZKOHLE UND AROMA

Oft wird davon gesprochen, dass Holzkohle im Vergleich zum Gasgrill ein besseres Aroma hätte. Das stimmt allerdings nicht. Vollständig glühende Holzkohle besteht nur noch aus Kohlenstoff und gibt keinerlei Aroma mehr ab. Was wir mit „Grillaroma" bezeichnen, sind die herabtropfenden Fette und Fleischsäfte, die in den glühenden Kohlen verdampfen und so die beliebten Grillgerüche erzeugen. Die so entstehenden Dämpfe legen sich auch auf das Grillgut und geben ihm so den typischen Grillgeschmack. Grillt man jedoch auf echtem Hartholz, sind immer auch noch Raucharomen mit im Spiel. Diese Raucharomen erzeugen wir beim Holzkohlegrill durch den Einsatz von Räucherhölzern, die wir auf die glühenden Kohlen legen.

Holzkohlebriketts
aus Kokosschalen

Holzkohlebriketts
aus Kohlenstaub

Briketts aus
Holzmehl

RÄUCHERHOLZ

Als Räucherhölzer für den Kugelgrill eignen sich Laubhölzer wie Eiche, Esche, Erle, Ahorn, Buche, Birke, Nussbaum und viele andere mehr.

Zu den beliebtesten Hölzern zählen Buchenholz und Obsthölzer wie Kirsche, Pflaume, Apfel und Birne. Beim amerikanischen Barbecue kommen hauptsächlich Hickory, Eiche und Mesquite zum Einsatz. Die Resultate beim Einsatz der verschiedenen Hölzer reichen von mild-süßlich bis scharf-würzig, wobei die Obsthölzer eher mild räuchern und Buche, Eiche, Hickory, Walnuss, Mesquite etc. sehr würzigen Rauch liefern. Das Räucherholz wird einfach auf die glühenden Kohlen gelegt. Da sich in der geschlossenen Grillkugel nur wenig Sauerstoff befindet,

wird das Holz nur rauchen und nicht brennen. Räucherholz muss trocken und natürlich frei von Farbe und Chemikalien sein.

Der Handel bietet Räucherholz in verschiedenen Sortierungen und Mengen an – als Mehl, Chips oder Chunks. Je länger man sein Grillgut mit Rauch umhüllen möchte, desto größer müssen die Holzstücke sein. Ich empfehle eher größere Stücke, die man bei Bedarf einfach wieder aus dem Grill nimmt.

Das Ziel ist, würzigen Rauch zu erzeugen – ob man sich dafür eine Tüte geschreddertes Holz im Fachhandel kauft oder stattdessen lieber ein paar Brocken vom Kaminholz abspaltet, ist natürlich jedem selbst überlassen.

DIE GRILL-GANG

Eine komplette Übersicht aller verfügbaren Grillmodelle würde mit Sicherheit den Rahmen sprengen, weshalb hier nur die Darsteller aus diesem Buch abgebildet sind.

Man könnte auch sagen: der Kugelgrill und seine Kumpels, denn in erster Linie geht es ja um den Kugelgrill oder – besser gesagt – den Haubengrill, denn ob der Grill kugelrund, oval oder eckig ist, spielt keine Rolle.

DER SMOKER

DER KUGELGRILL

DER ZWEITGRILL

DAS KLEINE DING ZUM WARMHALTEN

(DIE GRILLTONNE)

DER KUGELGRILL

Dieser Grill kommt in diesem Buch bei praktisch jedem Rezept zum Einsatz. Der Grund dafür liegt in den vielfältigen Möglichkeiten, die diese Grillform uns bietet. Das auffälligste Merkmal und der große Unterschied zu einem einfachen Standgrill ist das Vorhandensein eines großen Deckels.

WAS SOLL DER DECKEL?

„Regenschutz, ganz klar!", sagen die meisten, wenn sie zum ersten Mal einen Kugel- oder Haubengrill sehen.

Gar nicht so verkehrt, denn vor Regen und Schnee schützt der Deckel natürlich auch. Aber dafür wurde er ursprünglich nicht erdacht. Einfach gesagt, verwandelt der Deckel einen simplen Grill in einen Backofen. Ist der Deckel geschlossen, verteilt sich die Hitze der Kohlen im ganzen Garraum und umhüllt das Grillgut, im Prinzip wie zu Hause im Backofen. Das Grillgut gart bei geschlossenem Deckel viel gleichmäßiger und auch der Grillrost kühlt weniger aus, was sich in appetitlichen Grillmustern bemerkbar macht.

Durch dieses Prinzip ist man nun auch nicht mehr gezwungen, das Grillgut, wie sonst üblich, direkt über die Kohlen zu legen, sondern kann von einer großartigen Technik profitieren, die uns der Haubengrill ermöglicht: das **indirekte Grillen.** Hierbei liegt das Grillgut neben den Kohlen. Dadurch bekommt es nur wenig direkte Hitze von unten und kann somit auch sehr lange und langsam gegart werden, ohne anzubrennen.

Legt man dann noch ein paar Stücke Räucherholz auf die glühenden Kohlen, wird das Grillgut zusätzlich mit heißem Rauch umhüllt. Der Rauch verleiht dem Gegrillten einen unnachahmlich würzigen Geschmack und eine, je nach Intensität des Räucherns, appetitliche dunkle Farbe. Natürlich muss der Grilldeckel dabei, wann immer möglich, geschlossen bleiben. Durch häufiges Öffnen des Deckels entweicht viel wertvolle Hitze, die, wenn der Deckel wieder geschlossen wird, erst wieder aufgebaut werden muss. Dadurch verlängert sich die Garzeit und das Grillgut gart ungleichmäßiger. Prinzipiell sollte der Grilldeckel also, wann immer möglich, geschlossen sein.

Kugelgrill mit klappbarem Deckel

DER STANDGRILL

Diesen Grill kennt jeder. Eine einfache Blechschale mit wackeligen Füßen, ein verstellbarer Rost aus dünnen Drähten – und fertig. Ein simples Ding, ohne Haube, aber besonders für Kurzgebratenes völlig ausreichend.

Bratwurst, Spieße und Steaks sind die klassischen Disziplinen des Standgrills, der mit ein paar Handgriffen sogar noch sinnvoll getunt werden kann. So findet sich, besonders bei den ganz billigen Modellen, oftmals kein Kohlenrost. Die Kohlen werden einfach in die Blechwanne geschüttet und müssen dann während des Grillens ohne nennenswerte Luftzufuhr von unten vor sich hin kokeln. Das reicht für ein bis zwei Fuhren Bratwürste, dann sind die Kohlen schon fast erstickt. Ein simpler, kleiner Kohlenrost und ein paar Löcher im Boden der Blechwanne gewährleisten eine ausreichende Luftzufuhr. Der Effekt ist: Man braucht viel weniger Kohlen, weil diese dann richtig glühen und entsprechende Hitze erzeugen. Die Kohlen befinden sich näher am Grillgut und man hat viel länger etwas von den Kohlen, weil sie jetzt – mit ausreichend Luft versorgt – vollständig durchglühen können.

Wenn man sich dann doch einen neuen Grill kauft, sollte man den alten Grill jedoch nicht gleich wegwerfen. Er eignet sich nämlich auch sehr gut, um beispielsweise Bratkartoffeln in einer Eisenpfanne zu zaubern, während auf dem neuen Grill die Steaks brutzeln. Besitzt man einen gusseisernen Topf mit Deckel, reicht wenig Hitze vom Standgrill schon aus, um leckere Schmorgerichte zuzubereiten. Oder zum Brotrösten, Saucenwarmhalten etc. Mehr zu diesem Thema steht im Buch unter „Der Zweitgrill".

Direktes Grillen

Indirektes Grillen

Unter der Kohlenschicht: der Kohlenrost

Darüber entweder ein Gussrost ...

... oder ein einfacher Draht- oder Edelstahlrost

DER ROST

In einem guten Grill befinden sich zwei Roste: unten im Grill der **Kohlenrost** und obenauf der **Grillrost.** Es kann nicht schaden, beim Kauf eines Grills darauf zu achten, dass diese beiden stark beanspruchten Komponenten des Grills von vernünftiger Qualität sind. Die Drähte oder Stäbe des Kohlenrostes sollten ausreichend dick sein, damit sie nicht so schnell durchglühen, verrosten und sich verziehen. Ein Kohlenrost aus dickem, rostfreiem Edelstahl zeugt von guter Qualität.

Grillroste gibt es aus verchromtem Stahl, Edelstahl oder Gusseisen. Ich würde jederzeit einen Grillrost aus Gusseisen vorziehen. Dieser lässt sich zwar zumeist etwas schwieriger reinigen als seine Pendants aus Stahl, ist aber einzig dazu in der Lage, die hohe Hitze, die wir hin und wieder beim Grillen brauchen, zu speichern und an das Grillgut weiterzugeben.

Ein Grillrost aus Gusseisen zaubert uns wunderbare Brandings auf das Steak und beschert uns somit die großartigen Röstaromen, die wir beim Grillen so schätzen. Ein Gussrost, der nicht emailliert ist, muss vor dem ersten Gebrauch eingebrannt werden. Das ist ganz einfach: Der Rost wird stark erhitzt, dann mit Öl eingepinselt und weiter erhitzt. Nach 10 Minuten hat sich der rauchende Rost fast schwarz verfärbt und kann sofort benutzt werden. Das Einölen sollte ab und zu wiederholt werden. Der Rost bekommt auf diese Weise eine Art Antihaftbeschichtung, von der sich das Grillgut wesentlich leichter lösen lässt.

Gusseisen ist wesentlich bruchanfälliger als Stahl. Fällt ein Gussrost von Grillhöhe auf einen Steinboden, ist er in der Regel hinüber.

Fast alle großen Hersteller von Grills bieten gusseiserne Grillroste an – entweder optional gegen Aufpreis oder schon gleich serienmäßig. Das sollte man beim Preisvergleich berücksichtigen.

DER WASSERSMOKER

Der Wassersmoker funktioniert nach dem gleichen Prinzip wie das indirekte Grillen, mit dem Unterschied, dass das Grillgut hier durchaus direkt über den Kohlen liegt, allerdings wesentlich weiter von den Kohlen entfernt, als es beim Kugelgrill der Fall ist, und zudem noch abgeschirmt von einer mit Wasser gefüllten Schale.

Diese Wasserschale, die dem Wassersmoker auch seinen Namen gibt, wird von den darunterliegenden glühenden Kohlen erhitzt. Das Wasser verdampft langsam und sorgt für eine gleichmäßige, feuchte Hitze im Smoker. Ein paar Holzstücke auf den Kohlen sorgen für würzigen Rauch. Das sind ideale Voraussetzungen für Fleischstücke, die sehr lange zum Garen brauchen, zum Beispiel Schweinenacken, Schweineschulter (Pulled Pork), Rippenstücke (Spareribs), Rinderbrust (Brisket). Auch zum Heißräuchern von Fisch und Würsten ist der Wassersmoker gut geeignet.

Wenn man die Kohlen clever schichtet, kann ein Wassersmoker bis zu 20 Stunden gleichbleibende Hitze erzeugen. Mehr dazu beim Rezept für Pulled Pork auf Seite 88.

Stärkere Hitze als 130 °C wird in der Regel nicht benötigt. Das ist nicht viel, aber man nennt diese Garmethode ja auch „low 'n' slow" (niedrig und langsam), also nichts für Ungeduldige. Dafür wird man mit unglaublich saftigem, rauchigem und weichem Fleisch belohnt, was das lange Warten allemal wettmacht. Der Wassersmoker wird immer mit Holzkohlebriketts befeuert und benötigt – einmal gut gefüllt, entzündet und eingeregelt – kaum noch Aufmerksamkeit.

BBQ-Smoker

Grilltonne zum Warmhalten, Ruhenlassen oder Tellerwärmen

GRILLEN UND BARBECUE

Der wesentliche Unterschied zwischen Grillen und Barbecue ist, dass beim Grillen über heißen Kohlen gegart wird, beim Barbecue in weniger heißem Rauch. Während bei Temperaturen von etwa 200 °C bis über 300 °C gegrillt wird, liegt die Temperatur in einem Barbecue-Smoker nur zwischen 90 °C und 130 °C. Auch sind die Fleischstücke im Smoker wesentlich größer als beim Grillen. Zudem handelt es sich in der Regel um eher günstige Stücke wie Schweinenacken, -schulter, -füße und -bauch, Rippenstücke, Rinderbrust und so weiter.

Da diese Stücke zum Kurzbraten nicht so gut geeignet sind, werden sie über viele Stunden bei niedriger Temperatur saftig gegart. Barbecue ist also so etwas wie Niedrigtemperaturgaren mit Rauch oder Warmräuchern.

Klassische Barbecue-Smoker sehen aus wie alte Dieselloks – mit Schornstein, Garraum und Brennkammer – und erfreuen sich auch bei uns in Deutschland immer größerer Beliebtheit. Das Funktionsprinzip ist im Grunde recht simpel: In der kleineren Brennkammer wird erst – gewöhnlich mit Laubholz – eine stabile Glut erzeugt. Ist der Smoker aufgeheizt, legt man Holzscheite nach und befüllt den größeren Garraum mit dem Grillgut.

Hitze und Rauch vom langsam verbrennenden Holz ziehen durch den Garraum in den Schornstein ab und garen so das Fleisch.

Beim Befeuern mit Holz muss man jedoch Brennkammer und Temperatur ständig im Auge behalten, weshalb manche Smoker auch mit Holzkohlebriketts beheizt werden, die weniger Aufmerksamkeit brauchen.

Die Zubereitung auf dem Kugelgrill kann also, je nachdem wie man den Grill nutzt, sowohl einfaches Grillen als auch Barbecue sein: Für kleinere Stücke, die kurz und heiß direkt über den Kohlen gegrillt werden, müssen wir den Grilldeckel nicht unbedingt schließen. Das ist Grillen. Größere Stücke, die etwas länger brauchen und indirekt gegrillt werden, wären ohne Grilldeckel gar nicht möglich. Kommt dann noch etwas Räucherholz ins Spiel, garen wir im heißen Rauch. Das ist Barbecue.

Als Zweitgrill eignet sich ...

... ein einfacher (ggf. alter) Standgrill, am besten mit Deckel.

DER ZWEITGRILL

Für Menschen, die oft, gern und ambitioniert grillen, kann ein Zweitgrill viele kleine Probleme lösen, die das Kochen in freier Natur mit sich bringt. Zuerst hat man mit zwei Grills mehr Möglichkeiten, verschiedene Gerichte zuzubereiten. Unterschiedliche Garzeiten und Temperaturen sind dann kein Problem mehr. Darüber hinaus bietet ein Zweitgrill, sofern er eine Haube besitzt, aber auch noch andere Vorteile.

Wenn man ihn nur mit einer Handvoll Kohlen bestückt, ist er der perfekte Platz, um Steaks ruhen zu lassen. Hierbei sollte die Temperatur des Zweitgrills in etwa der Kerntemperatur der Steaks entsprechen, also etwa 50–60 °C. Dafür braucht man wirklich nicht viele Kohlen, vier bis fünf Stück sollten genügen. Besonders bei einer größeren Zahl an Gästen ist das sehr praktisch.

Der Hauptgrill ist wieder frei für die nächste Lage und die Steaks im Zweitgrill haben keine Chance, an der frischen Luft auszukühlen. Das gilt natürlich auch für alle anderen gegrillten Leckereien.

Der Zweitgrill ist auch perfekt dafür geeignet, Geschirr stilecht warm zu halten.

Als Zweitgrill reicht ein einfaches Modell mit Haube völlig aus. Braucht man nur einen Platz, um seine Steaks angemessen ruhen zu lassen, genügt sogar schon eine kleine transportable Grilltonne für wenige Euros oder ein günstiger Koffergrill mit Haube, um dem perfekten Steak noch ein gutes Stück näherzukommen. Ein weiterer entscheidender Vorteil einer transportablen Grilltonne ist, dass man die fertig gegrillten Leckereien allesamt heiß an den Tisch bringen kann, da sie in der Grilltonne auch heiß bleiben. Für bis zu vier Personen funktioniert das perfekt. Bei mehreren Gästen empfiehlt sich ein größeres einfaches Modell mit Haube und Rollen.

DAS PERFEKTE
GRILLTIMING

Möchte man verschiedene Stücke auf dem Grill zubereiten, steht man oft vor dem Problem der unterschiedlichen Garzeiten. So braucht beispielsweise eine Bratwurst weniger Hitze und dafür mehr Zeit als ein Steak, ein Burgerpatty gart schneller als ein Hühnerbein und so weiter.

Der größte Fehler ist, jetzt einfach alles auf den Rost zu stapeln und nach 20 Minuten auf den Tisch zu stellen. Leider eine sehr verbreitete Praxis, bei der in der Regel die feineren Stücke auf der Strecke bleiben und völlig vertrocknen. Möchte man die Leckereien dennoch gleichzeitig servieren, ist ein wenig Timing und Organisation gefragt. Grundsätzlich sollte man es vermeiden, den Grill komplett mit Grillgut zu belegen. Wenn die Luft nicht mehr zwischen der unteren und der oberen Lüftung zirkulieren kann, werden die Kohlen schnell schwächer und gehen schließlich aus.

Etwa ein Viertel der Grillfläche sollte deshalb frei bleiben. Auch ein Drittel des Kohlenrostes sollte von Kohlen frei bleiben. Hierhin legt man kurzzeitig Stücke, unter denen das herabtropfende Fett Feuer gefangen hat. Hat man diese Ausweichmöglichkeit nicht, brennt eventuell bald der ganze Grill. Deshalb auch den Grilldeckel schließen, wann immer es möglich ist. So entzieht man dem Feuer Sauerstoff und die Flammen gehen aus bzw. entstehen erst gar nicht. Außerdem bleibt wertvolle Hitze erhalten und das Grillgut gart schneller und gleichmäßiger.

Stücke mit längeren Grillzeiten kommen zuerst auf den Grill, Stücke, die kürzer brauchen, später (siehe Seite 322 zum Timing).

Klingt natürlich logisch, wird aber im Eifer des Gefechts gern mal vergessen. Die indirekte Zone des Grills dient als Ausweichfläche für Stücke, die schneller gar sind. Aber Vorsicht, die indirekte Seite ist auch ganz schön heiß! Das Grillgut gart hier zwar langsamer, aber es gart weiter. Möchte man den Garprozess „einfrieren", müsste man das Grillgut bei seiner angestrebten Kerntemperatur außerhalb des Grills ruhen lassen. Mit einer kleinen zusätzlichen Grilltonne wäre das kein Problem.

Je nachdem, wie viele Personen man mit seinen Grillkünsten verzaubern will, kann es schon ziemlich eng auf dem Grill werden. Wer schon mal den Satz „Ein Grill kann nie groß genug sein." gehört hat, weiß jetzt, warum. Ein einfacher Zweitgrill kann hier wertvolle Dienste leisten. Mehr dazu auf Seite 319.

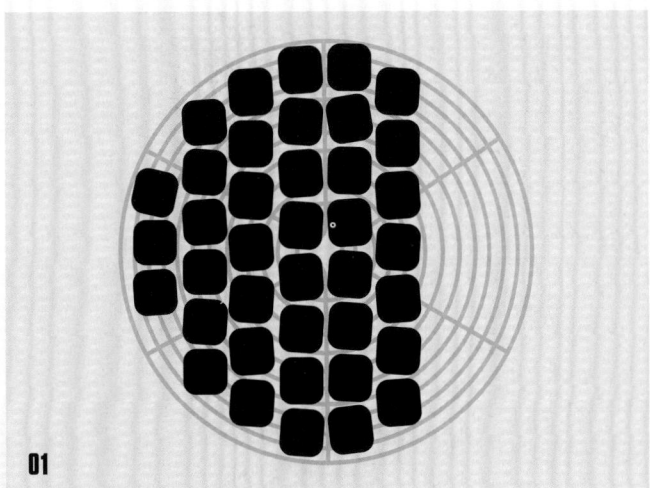

01

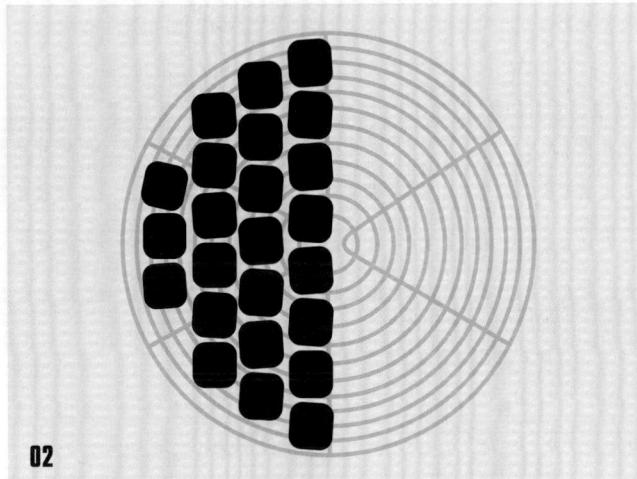

02

03

01

Will man Stücke mit ähnlichen Garzeiten grillen, ist die Sache einfach. Zwei Drittel des Kohlenrostes sind mit Kohlen belegt. Ist ein Stück gar, legt man es kurz auf die indirekte Seite oder an einen warmen Ort außerhalb des Grills (Zweitgrill), bis der Rest fertig ist.

02

Zum Beispiel Bratwürste und Steaks: halbes Kohlenrost belegt. Zuerst die Bratwürste ca. 8 Minuten angrillen, öfter wenden, dann auf die indirekte Seite legen, auch hier ab und zu wenden. Sofort, wenn die Würste auf der indirekten Seite liegen, die Steaks direkt heiß 6 Minuten grillen, 5 Minuten ruhen lassen und alles servieren.

03

Das Kohlennest in der Mitte des Grills ermöglicht uns ein heißes Angrillen und bietet viel Platz am Rand zum indirekten Weitergrillen oder Ruhenlassen. Beispielsweise für kurze Fleischspieße und Veggie-Spieße.

Die Fleischspieße können nach dem direkten Grillen am Rand ruhen, während man in der Mitte die Veggie-Spieße grillt. Diese müssen nicht ruhen und können dann gleichzeitig mit den Fleischspießen serviert werden.

In einem normalen Kugelgrill erhalten wir durch die Möglichkeit des indirekten Grillens drei bis vier Temperaturzonen. Häuft man beispielsweise in der Mitte des Kohlenrostes ein Nest aus Kohlen auf, ist die Temperatur direkt darüber am höchsten, weiter zum Rand des Grills hin niedriger und direkt am Rand am niedrigsten. Verteilt man die Kohlen auf der linken Hälfte des Kohlenrostes, ist die Temperatur direkt über den Kohlen am höchsten, am linken Rand durch die bauchige Form des Grills etwas niedriger, auf der rechten Seite ohne Kohlen noch niedriger und am rechten Rand schließlich am niedrigsten. Man kann also durch durchdachtes Positionieren der Kohlen entsprechende Zonen einrichten. Allerdings haben diese Temperaturzonen keine klaren Grenzen, weshalb ein guter Griller das Grillgut permanent im Auge behalten sollte.

Ob Analoguhr oder Smartphone ist egal, aber die Zeit ist wichtig.

Unterschiedliche Garzeiten: Das klingt komplizierter, als es ist.

TIMING

Der Schlüssel für ein gutes Timing beim Grillen ist das Wissen über die benötigten Garzeiten. Es ist wirklich ungemein hilfreich, sich diese vor dem Grillen noch mal anzusehen oder darüber nachzudenken. Kennt man die Garzeiten, kommt nur noch eine Winzigkeit Kopfrechnen dazu. Möchte man zum Beispiel Hühnerkeulen, Bratwürste und Halloumi-Spieße grillen und alles gleichzeitig servieren, bedeutet das:

HÜHNERKEULEN 30 MIN. // BRATWÜRSTE 15 MIN. // HALLOUMI 8 MIN.

Beispiel: Grillstart ist 14:00 Uhr. Grillende ist 14:30 Uhr, weil dann die Hühnerkeulen mit der längsten Garzeit fertig sind. Die Zeit der anderen Grilllagen muss man dann nur vom Grillende abziehen.

Also:
- Hühnerkeulen 14:00 Uhr auf den Grill legen.
- Bratwürste 14:15 Uhr auf den Grill legen (14:30 Uhr minus 15 Minuten Garzeit).
- Halloumi 14:22 Uhr auf den Grill legen (14:30 Uhr minus 8 Minuten Garzeit).
- Eine Uhr ist hierbei natürlich hilfreich.

Mancher wird jetzt vielleicht sagen: „Na super. Was für ein Spitzentipp soll das denn sein? Ist doch logisch, das so zu machen!" Tatsächlich soll dieser Tipp auch nur eine Art Gedankenstütze sein. Manchmal steht man ja vielleicht etwas hilflos vor dem Grill, leicht überfordert von den vielen Wünschen der Gäste. Da bringt ein Sortieren der Grilllagen in Garzeiten auf jeden Fall erst einmal Struktur in das Ganze.

So weit die Theorie. In der Praxis kommen natürlich noch andere Faktoren hinzu: die Temperatur des Grillgutes, das Wetter, die Qualität der Kohlen, die Qualität des Grills und natürlich die eventuell unterschiedlichen Größen der zu grillenden Stücke. Ein erfahrener Griller kennt diese Faktoren und stellt sich entsprechend darauf ein. Einen garantiert sicheren Fahrplan gibt es nicht, aber als grobe Faustregel funktionieren diese Beispiele ganz gut.

ÜBER TEMPERATUREN

Ein guter Kugelgrill/Haubengrill verfügt über ein **Deckelthermometer** und verschiedene **Lüftungsschlitze,** mit denen wir die Temperatur ein wenig steuern können. Die Grundtemperatur wird jedoch immer über die **Menge der Kohlen** bestimmt. Einen Temperaturregler wie beim heimischen Herd gibt es beim Kohlengrill nicht. Dafür kann man zu Hause im Herd nicht räuchern, womit wir wieder quitt wären. Hat man kein Grillthermometer im Grill, helfen diese groben Richtwerte, um die Temperatur mit der Hand ungefähr zu bestimmen. Abstand zu den glühenden Kohlen ca. 12 cm. Nach dieser Zeit zieht man die Hand weg:

Starke Hitze: bei 230–290 °C 2–4 Sekunden

Mittlere Hitze: bei 170–230 °C 5–7 Sekunden

Niedrige Hitze: bei 120–170 °C 8–10 Sekunden

Ein Hufschmied hält die Hitze sicherlich länger aus als ein Schwammverkäufer, weshalb das, wie schon erwähnt, nur ein grober Richtwert sein kann. Mit der Zeit bekommt man aber ein gutes Gefühl für die richtige Hitze und je öfter man grillt, desto genauer kann man die Hitze im Grill steuern.

Die Lüftung dient der Temperaturregelung ...

... und das Thermometer im Deckel der Überwachung.

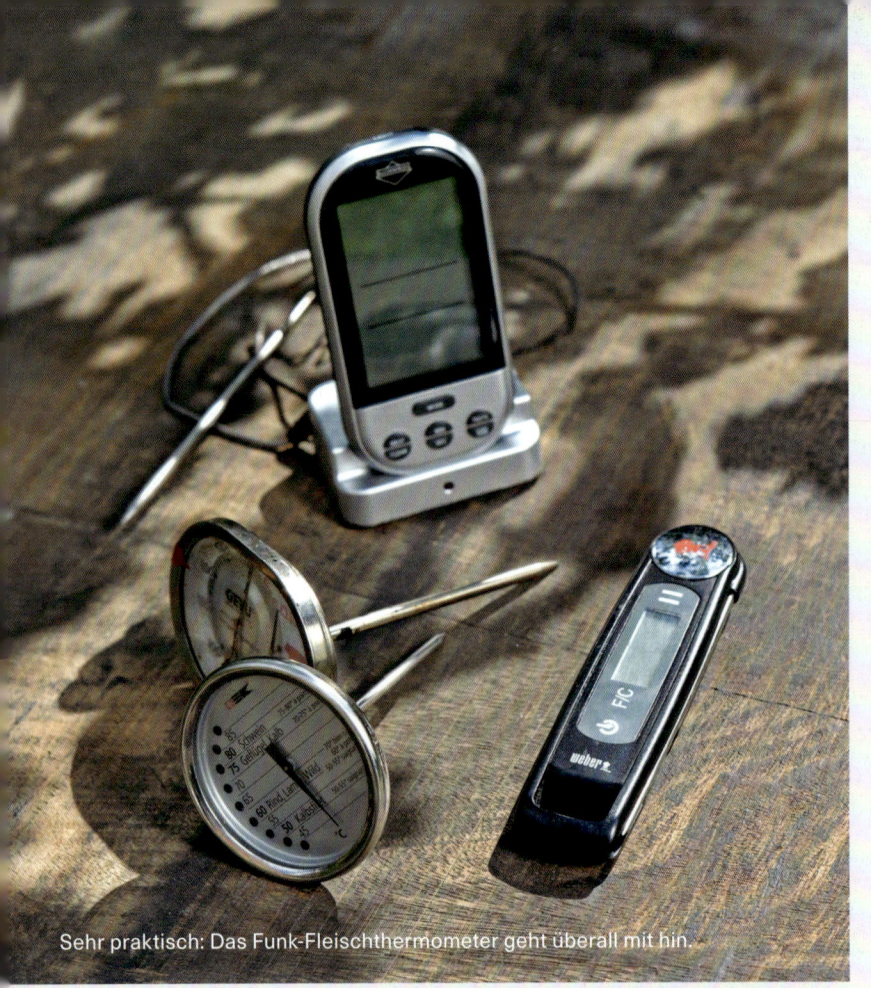

Sehr praktisch: Das Funk-Fleischthermometer geht überall mit hin.

Empfehlenswert: grilltaugliche Fleischthermometer.

DAS FLEISCHTHERMOMETER

Das Fleischthermometer gibt uns genaue Auskunft über den Garzustand des Bratens, vorausgesetzt, man kennt die richtige Kerntemperatur. Besonders beim indirekten Grillen oder beim Barbecue wird gern mit niedrigeren Temperaturen, aber dafür über einen längeren Zeitraum gegrillt. Bei erfahrenen Grillern kommt hier fast immer ein Fleischthermometer ins Spiel, in der Regel ein Funkthermometer. Beim Funkthermometer steckt ein Temperaturfühler in der dicksten Stelle des Bratens und sendet über ein Kabel und einen kleinen Sender, der sich außerhalb des Grills befindet, die Kerntemperatur an ein Handgerät. Hier kann man nun bequem den Anstieg der Temperatur verfolgen. Hat man eine Zieltemperatur eingegeben, ertönt beim Erreichen dieser ein Signalton. Sehr praktisch!

Natürlich kann man auch ein klassisches Fleischthermometer ohne Funk und Batterien benutzen, man muss dann aber leider zum Ablesen immer den Grilldeckel öffnen, wobei wertvolle Hitze verloren geht.

Brauchbare Funkthermometer kann man schon für etwa 25 Euro kaufen – und die Investition lohnt sich wirklich. Bei allen relevanten Rezepten in diesem Buch ist die Kerntemperatur angegeben. Zusätzlich findet man eine Tabelle mit den wichtigsten Kerntemperaturen auf Seite 326.

KERN-
TEMPERATUREN

RINDFLEISCH

Beef Brisket	85 °C
Falsches Filet, medium	60–65 °C
Falsches Filet, voll gar	70–75 °C
Rinderfilet/-lende, englisch bis rosa	38–55 °C
Rinderfilet/-lende, medium	55–58 °C
Rinderbraten, voll gar	85–90 °C
Rinderbrust, voll gar	90–95 °C
Rindrose/Kugel/Blume	85–90 °C
Roastbeef, medium	55–60 °C
Rouladen, aus der Keule	70 °C
Tafelspitz, voll gar	90 °C

KALB

Kalbsbraten, voll gar	64–74 °C
Kalbsbrust (gefüllt oder ausgelöst), voll gar	75–78 °C
Kalbsrücken, hellrosa	65–70 °C
Kalbsschulter, voll gar	75–80 °C
Keule, Oberschale, Nuss, Frikandeau, voll gar	78 °C
Nierenbraten, voll gar	75–80 °C

SCHWEINEFLEISCH

Bauch, voll gar	80–85 °C
Eisbein, voll gar	80–85 °C
Hackfleisch	75 °C
Hintere Haxe, gebraten, voll gar	80–85 °C
Hintere Haxe, gepökelt, voll gar	75–80 °C
Kasseler, voll gar	60–68 °C
Keule, voll gar	75 °C
Keule, hellrosa	65–68 °C
Kochschinken, sehr saftig	64–68 °C
Pulled Pork	95 °C
Rippchen, voll gar	65 °C
Schweinefilet, rosa	58–60 °C
Schweinefilet, voll gar	65 °C
Schweinekamm, voll gar	70–75 °C
Schweinekopf, voll gar	75–82 °C
Schweinerücken, leicht hellrosa	65–70 °C
Schweineschulter, voll gar	75 °C
Schweinezunge, voll gar	85–90 °C

GEFLÜGEL

Ente, voll gar	80–90 °C
Gans, rosa	75–80 °C
Gans, voll gar	90–92 °C
Hähnchen, voll gar	80–90 °C
Pute, voll gar	80–90 °C
Strauß, Filetsteak	58 °C

LAMM UND HAMMEL

Hammelrücken, leicht rosa	70–75 °C
Hammelrücken, voll gar	80 °C
Hammelkeule, leicht rosa	75–78 °C
Hammelkeule, voll gar	82–85 °C
Lamm, voll gar	79–85 °C
Lammkarree, rosa	55 °C
Lammkeule, rosa	60 °C
Lammkeule, voll gar	70–72 °C
Lammkoteletts, rosa	55 °C
Lammrücken, rosa	60–62 °C
Lammrücken, voll gar	68 °C

WILD

Rehbraten, voll gar	75–80 °C
Rehrücken, gespickt, voll gar	50–56 °C
Wildschweinkeule	75–78 °C

FISCH UND MEERESFRÜCHTE

Garnelen/Gambas	62 °C
Hecht	63 °C
Lachs	60 °C
Mousse de Poisson	65 °C
Seeteufel	62 °C
Thunfisch	62 °C
Zander	62 °C

Diese Tabelle ist ein Auszug und entstammt im Wesentlichen der Website **www.fire-eaters-bbq.net/kerntemperaturen-von-fleisch/** (veröffentlicht mit freundlicher Genehmigung der Betreiber).

Drehspieß mit Motor

Grillplatte

DER SPIESS

Viele Hersteller bieten Spießaufsätze für alle Arten von Grills an, mit denen man das eigene Modell um eine großartige Zubereitungsmöglichkeit erweitern kann. Der große Vorteil eines Drehspießes besteht darin, dass das Grillgut sich praktisch permanent selbst mit den leckeren Fleischsäften begießt und somit von allen Seiten saftig und knusprig wird. Ein Spießbraten braucht während des Grillens kaum noch Aufmerksamkeit, vorausgesetzt, man benutzt gute, langlebige Kohlen/Briketts. Ein Funkthermometer zum Messen der Kerntemperatur leistet beim Spießbraten sehr wertvolle Dienste.

DIE GRILLPLATTE

Eine gute gusseiserne Grillplatte ist – besonders für empfindlichere Stücke – ein sinnvolles Accessoire. Gut eingebrannt, funktioniert sie wie eine große, flache Bratpfanne und ermöglicht uns somit auch das Grillen von sehr weichen oder flüssigen Teigen, Pfannkuchen, fragilen Burgerpatties, klein geschnittenem Gemüse, Fisch, Krabben, Kartoffelrösti und vielem mehr. Die Grillplatte ist so vielseitig, dass das Grillen „à la plancha" sich schon zu einem festen Trend entwickelt hat.

PFANNEN UND TÖPFE AUF DEM GRILL

Auf dem Grill kann man fast so gut mit Töpfen und Pfannen kochen wie auf dem heimischen Herd. Natürlich gibt es auf dem Grill Einschränkungen, was die Temperaturwahl betrifft. Und auch mal schnell einen Topf Wasser zum Kochen zu bringen, hat auf dem Grill eigentlich keinen Sinn. Geht es aber um langsame Schmorgerichte und knusprige Bratkartoffeln oder darum, Gemüse zu dünsten und Saucen zu reduzieren und Ähnliches, ist die gleichmäßige Hitze des Grills absolut ausreichend. Leider brauchen Töpfe und Pfannen viel Platz auf dem Grill. Ein

Gusseiserne Pfannen und Töpfe

Grillkorb aus Edelstahl

Praktisch: der lange Griff.

Ohne Fischkorb ist Fisch auf dem Grill schwer zu handeln.

kleiner Gusstopf mit Sauce mag hier vielleicht noch nicht stören, aber eine Eisenpfanne für Bratkartoffeln benötigt schon fast die gesamte Grillfläche für sich. Die beste Lösung wäre ein einfacher Standgrill zusätzlich zum Hauptgrill. Dieser Zweitgrill ermöglicht uns flexibles und vielseitiges Grillen – jenseits von den üblichen Grillbeilagen und kalten Saucen. Mehr dazu unter „Der Zweitgrill".

GRILLKÖRBE

Grillkörbe sind praktische Helfer, die es uns ermöglichen, selbst empfindliches Grillgut wie ganze Fische problemlos mehrfach zu wenden. Der Handel bietet eine Vielzahl unterschiedlicher Grillkörbe an und vom Bratwursthalter bis zur Gemüsetrommel für den Drehspieß ist für fast jede Anwendung etwas dabei. Ein Anhaften am Rost ist nicht möglich, am Grillkorb hingegen schon. Leichtes Einölen verhindert das Anhaften am Grillgut.

ALUFOLIE

Besonders salz- und säurehaltige Lebensmittel sollten möglichst nicht direkt mit Alufolie in Berührung kommen, weil sich Aluminiumteilchen aus der Folie oder den Schalen lösen können, die vom Grillgut aufgenommen werden. Dazu zählen beispielsweise Tomaten, Ananas, Zitronen, Orangen, Äpfel, saure Gurken und Perlzwiebeln. Auch Schinken, Spargel und viele Fischsorten nehmen viel Aluminium auf. Deshalb empfiehlt es sich, das Grillgut immer zuerst in Backpapier einzuwickeln und erst dann in Alufolie. Dadurch vermeidet man nicht nur den direkten Kontakt mit Aluminium, sondern verhindert auch wirkungsvoll, dass die Folie beim Grillen an den Speisen anbäckt. Die Herstellung von Aluminium ist für unsere Umwelt sehr belastend. Ich empfehle deshalb die Verwendung von Grillschalen oder -pfannen aus Edelstahl. Diese können ein Leben lang verwendet werden und sind auch für salz- oder säurehaltige Speisen unbedenklich.

01 Dutch Oven: für Geschmortes oder auch Brot und Brötchen; braucht keinen Grill, nur ein paar Kohlen

02 Eisenpfanne: für knusprige Bratkartoffeln und vieles mehr

03 Grillplatten: für empfindliche Stücke, flüssigen Teig, Fisch oder auch Bacon

04 Pizzastein

05 Kleiner Gusstopf mit Deckel: zum Saucenreduzieren, für kleinteiliges Gemüse und zum Warmhalten

06 Gusspfanne: zum herzhaften Braten und Schmoren auf dem Grill

07 Gussrost für den Grill: unschlagbar beim Branding und beim Speichern der Hitze

08 Gastronorm-Behälter: zum Mischen, Marinieren, Panieren, Frischhalten und so weiter, auch gut zum Schmoren auf dem Grill

09 Stahlschüsseln: unzerbrechlich und praktisch

10 Gelochte Grillpfanne: für kleinteiliges Gemüse, Fischfilet und anderes empfindliches Grillgut

11 Tajine: zum Garen von Gemüse und vielem mehr

01 Mörser: für Gewürze wie Fenchelsamen, Pfefferkörner und Kümmel	**12** Grillkorb: für Fleisch, Gemüse, Brotscheiben etc.
02 Knoblauchpresse	**13** Fischhalter: zum seitlichen Aufspießen von Fischen, sehr gut zum Heißräuchern
03 Muskatreibe	**14** Spieße: für Hackfleisch möglichst breite
04 Diverse Reiben, fein und grob: für Käse, Zitrusschalen, zum Zwiebelnraspeln etc.	**15** Tropfschalen: wichtig beim indirekten Grillen
05 Pizzaschneider	**16** Geflügelständer: zum Grillen von ganzen Hähnchen
06 Sparschäler: nicht nur zum Schälen, auch gut zum dünnen Hobeln von zum Beispiel Zucchini oder Gurken	**17** Spachtel: zum Arbeiten an der Grillplatte oder zum Wenden von Burgerpatties und Ähnlichem
07 Schneidebretter	**18** Grillzange
08 Großes Schneidebrett: für Pizzateig oder für sehr große Stücke Fleisch und Gemüse	**19** Kochmesser: für fast alles
09 Geflügelschere	**20** Ausbeinmesser: mit flexibler, schmaler Klinge; zum Auslösen von Knochen
10 Grillkörbe für Fisch	**21** Gemüsemesser
11 Sparerib-Halter: praktisch bei mehreren Spareribs	**22** Wetzstahl: unverzichtbar, wenn man scharfe Messer bevorzugt

ANZÜNDEN

Egal, ob man sich für Briketts oder Kohlen entscheidet: Das beste Werkzeug, um sie zum Glühen zu bringen, ist der Anzündkamin. Das ist ein langes Wort, weshalb man es gern mit AZK abkürzt.

Dieser AZK nutzt den Kamineffekt, bei dem heiße Luft in einer Röhre nach oben steigt und in der Röhre (also dem Kamin) einen Sog erzeugt. Sobald die ersten Kohlen unten im AZK glühen, frisst sich die Glut durch die darüberliegenden Kohlenstücke. Zusätzliches Feuer von außen, Wedeln oder Pusten ist nicht mehr nötig – und man kann sich getrost mit den ganzen anderen Grillvorbereitungen beschäftigen.

Zum Anfeuern des AZK verwendet man in der Regel Grillanzünder. Genauso gut kann man aber auch Holzwolle, kleine trockene Äste, Pappe oder Papier verwenden. Was auch immer man verwendet: Der Anzünder sollte frei von Chemikalien sein, denn schließlich wollen wir ja Lebensmittel grillen. Im AZK benötigen Holzkohlen etwa 15–20 Minuten, um vollständig zu glühen.

Holzkohlebriketts brauchen mit 25–30 Minuten etwas länger. Kohlen und Briketts sind dann fertig vorgeglüht, wenn die obersten Stücke von einer weißen Ascheschicht bedeckt sind. Mit einer Kombination aus Grillanzündern und dünnen Ästen oder Holzspalten erzeugt man ein ordentliches kleines Feuerchen unter dem AZK und kann somit das Vorglühen etwas beschleunigen. Auch etwas schwerer entflammbare oder leicht feuchte Kohlen und Briketts werden so zuverlässig zum Glühen gebracht.

Die vorgeglühten Kohlen oder Briketts werden dann in den Grill geschüttet, dort verteilt und sind eigentlich sofort bereit für den Einsatz.

Man sollte den Grill jedoch zuerst etwa 15 Minuten aufheizen lassen, bevor man die ersten Grilllagen auf den Rost legt.

Sollte der Grillrost vom letzten Einsatz noch verschmutzt sein, heizt man ihn zuerst ordentlich auf, um Fettrückstände zu verbrennen, und bürstet dann die verkohlten Reste mit der Grillbürste ab.

01 Anzündkamin füllen.
02 Circa vier bis fünf Grillanzünder in den Grill auf den Kohlenrost legen.
03 Ein paar Hölzchen auf die Anzünder legen und mit dem Stabfeuerzeug anzünden.
04 Anzündkamin darüberstellen und abwarten.
05 Wenn die Kohlen von einer dünnen weißen Ascheschicht bedeckt sind, ...
06 ... kann man sie auf den Kohlenrost schütten.
07 Die Kohlen auf dem gesamten Kohlenrost verteilen.
08 Den Grillrost auflegen, Deckel schließen, Lüftung voll auf und den Grill 15 Minuten gut aufheizen.
09 Mit der Grillbürste den heißen Rost reinigen, eventuell den sauberen Rost mit Speiseöl einölen, Kohlen verteilen und losgrillen.

PLATZWAHL

EBENER UNTERGRUND

Der Grill sollte möglichst gerade stehen. Besonders bei der Verwendung von Grillplatte, Pfannen und Brätern ist das wichtig, weil sich auf einem schief aufgestellten Grill Fette und Öle nicht gleichmäßig verteilen können und immer an den Rand fließen werden. Auch kann ein schief aufgestellter Grill leichter umfallen, wenn man ihn mal im Eifer des Gefechts anrempelt.

MÖGLICHST WINDSTILL

Der Grill sollte an einem windgeschützten Platz aufgestellt werden. Schon beim Anfeuern des AZK entstehen viele Funken, die vom Wind weggetragen werden und ein paar Meter weiter Schaden anrichten können. Hierbei muss nicht immer gleich ein Großfeuer entstehen, auch Brandlöcher in der Kleidung der Gäste lassen sich durch das windgeschützte Aufstellen des Grills vermeiden.

Und: Der Wind kühlt den Grill ab. Besonders wenn die Haube geöffnet wird, bläst der Wind schnell die wertvolle Hitze davon.

SICHERHEITSMASSNAHMEN BEIM GRILLEN

Hier einige Punkte, die beim Umgang mit dem Grill beachtet werden sollten:

- Den Grill niemals in brandgefährdeter Umgebung betreiben.
- Heftigen Funkenflug vermeiden.
- Den AZK nach dem Ausschütten immer erst zum Abkühlen in den Kohleneimer stellen.
- Den heißen Kohleneimer nicht direkt auf Grasboden oder gar Holzboden stellen. Besser Steine unterlegen.
- Vorsicht mit leicht brennbarer Kleidung, Schals, Schlafsäcken, Decken, Zelten etc.
- Ausreichend Löschmaterial bereitstellen, zum Beispiel Sand, Wasser, Schnee, Erde oder einen Feuerlöscher.
- Nach dem Grillen die restlichen glühenden Kohlen/Briketts im Grill verglühen lassen oder im Kohleneimer mit Wasser ablöschen.

- Ölbrände nie mit Wasser löschen! Lebensgefährlich! Sollte Öl im Grill Feuer fangen, einfach den Grilldeckel schließen. Die Flammen werden dann erstickt.
- Brandbeschleuniger wie Spiritus, Lampenöl und Grillanzünder in sicherer Enfernung vom Feuer lagern.
- Keine Brandbeschleuniger ins offene Feuer oder auf glühende Kohlen/Briketts spritzen oder gießen. Es besteht die Gefahr von Stichflammen und Explosionen.
- Kleine Kinder nie unbeaufsichtigt lassen!
- Bei Waldbrandgefahr ist offenes Feuer und oftmals auch Grillen verboten!
- Wird der Grillplatz verlassen, muss das Feuer gründlich gelöscht werden.

Ein Grill muss immer sicher, stabil und gerade stehen.

DER ARBEITSPLATZ

Je nachdem, wie viele Gäste man bewirten möchte, ist es durchaus sinnvoll, sich ein paar Gedanken zu seinem Arbeitsplatz, also zum Grill und zu seiner näheren Umgebung, zu machen.

Genauso wie in einer Küche ist es ratsam, die wichtigsten Utensilien und Zutaten möglichst griffbereit in der Nähe zu haben. Fertig Gegrilltes will eventuell auch noch aufgeschnitten, tranchiert, entbeint oder anderweitig verarbeitet werden, bevor es auf den Esstisch kommt.

TISCHE

Am besten funktioniert das mit zwei einfachen Tischen, die man rechts und links vom Grill platziert. Auf dem einen Tisch liegen Zutaten und Gewürze, auf dem anderen Tisch wird geschnitten und arrangiert. Dieser Tisch kann auch als Buffettisch gute Dienste leisten, indem man beispielsweise sämtlichen Belag und Brötchen für Burger dort der Reihe nach hinstellt. Jeder Gast nimmt sich dann einen Teller, ein Brötchen, belegt es und endet dann vor dem Grill, wo er ein frisches, heißes und saftiges Burgerpatty bekommt. Das funktioniert natürlich nicht nur bei Burgern. Auch Salate und Beilagen können auf dem Tisch zur Abholung bereitstehen.

Das ist dann also im Prinzip Selbstbedienung wie am Buffet, gekrönt von einem leckeren Stück vom Grill. Besonders beim Grillen ist diese Herangehensweise sinnvoll, weil jeder Gast ein heißes, frisches Stück vom Grill bekommt. Oftmals wird nämlich der Esstisch schon mit Gegrilltem voll beladen, obwohl noch nicht alle Gäste am Tisch sitzen.

Da man beim Grillen in der Regel draußen sitzt, kühlt das Essen wesentlich schneller aus als im Haus. Das Resultat sind lauwarme bis kalte Stücke, die man, würden sie im Restaurant so serviert werden, garantiert zurückgehen lassen würde. Natürlich gibt es auch Möglichkeiten, die Speisen länger warm zu halten. Mehr dazu auf Seite 319, „Der Zweitgrill".

KOHLENEIMER

Der Kohleneimer mit der Kohlenzange steht direkt neben dem Grill auf dem Boden. Ist der Grill zu heiß, nimmt man ein paar Kohlen heraus und legt sie in den Eimer. Braucht man dann später etwas mehr Hitze, legt man die glühenden Kohlen aus dem Eimer wieder zurück in den Grill.

KOHLENSÄCKE

Kohlensäcke sollten nicht direkt auf der feuchten Wiese stehen, da die Kohlen die Feuchtigkeit schnell anziehen.

EIN EIMER WASSER

Ein Eimer Wasser ist hilfreich beim Reinigen von Messern und Schneidebrettern oder zum schnellen Händewaschen zwischendurch und dient dabei noch dem Brandschutz.

TROCKENE UNTERLAGEN

Wird der Grillrost hin und wieder vom Grill genommen, um zum Beispiel Kohlen nachzulegen, sollte man ihn auf Steine oder eine andere, nicht brennbare, trockene Unterlage legen. Besonders Gussroste können leicht reißen, wenn man sie heiß etwa in eine feuchte Wiese legt.

Jeder, der sein Werkzeug liebt, braucht eine Messertasche! Dieses Modell aus Kuhfell gibt es bei www.a-herb.de.

AUFBAUBEISPIEL
FÜR EINEN ARBEITSPLATZ

Rezeptregister

DANKE

Mein Dank geht zuerst an meine liebe Angela, die mir immer kritisch und hilfreich zur Seite steht, an meine Mutter für ihre tolle Unterstützung, an meine Schwester Silvia für ihren großartigen Einsatz in schwierigen Zeiten, an Anne und Marek für tolle Gastfreundschaft, an Harry und Pommi fürs Freundesein, an Katja und Peter sowieso, an meine Band „Auge Blau" fürs kreative Ablenken, an Jörk, Christoph, Axel und Lupe von RSG fürs Rückenfreihalten, an Hubertus, Benedikt und Stefan für die schönen Bilder, an Micha und Harry ebenso, an Max für Verständnis und Kompetenz, an Ralf und Antje für schöne Tage in Hilden, an Katerina für die sehr nette und geduldige Projektarbeit, an Justyna für immer wieder super Schüsse, an Johanna, Melanie, Philine, Ellen, Kai und Nico fürs Mitmachen und Gutaussehen und an alle anderen vom Becker Joest Volk Verlag.

IMPRESSUM

Originalausgabe
Becker Joest Volk Verlag GmbH & Co. KG
Bahnhofsallee 5, 40721 Hilden
© 2016 – alle Rechte vorbehalten
1. Auflage März 2016
ISBN 978-3-95453-074-8

PRAKTISCH

Die Einkaufslisten zu den Rezepten aus diesem Buch können Sie unter www.bjvvlinks.de/7024 für die gewünschte Personenzahl berechnen und für Ihren Einkauf ausdrucken.

BECKER JOEST VOLK VERLAG

www.bjvv.de

Rezepte und Texte: Angelo Menta
Food-Fotografie: Hubertus Schüler
Food-Styling: Stefan Mungenast
Foto-Assistenz: Benedikt Koester
Reportagefotos: Dipl.-Des. Justyna Krzyżanowska
Projektleitung: Johanna Hänichen
Projektmanagement: Katerina Stegemann
Typografische Konzeption und Layout:
Dipl.-Des. Justyna Krzyżanowska
Buchgestaltung und Buchsatz: Dipl.-Des. Anne Krause
Bildbearbeitung: Ellen Schlüter und Makro Chroma Joest & Volk OHG, Werbeagentur, Sven Pawlowski
Illustrationen: Dipl.-Des. Melanie C. Müller-Illigen
Fachlektorat Rezepte: Anja Fleischhauer
Lektorat: Doreen Ludwig, Doreen Köstler
Druck: Firmengruppe Appl, aprinta druck GmbH

Bildcredits
Michael Schermons: Seite 59 unten links und rechts, Seite 83 rechts, Seite 91 links unten und rechts oben, Seite 139, Seite 167 oben, Seite 211, Seite 215
ACTIVA Grillküche GmbH: Seite 318 links

WEITERE KOCHBÜCHER VON ANGELO MENTA

Die letzten Heldentaten am Herd
Koche nichts, wozu es keine Story gibt!
28,00 EUR (D), 28,80 EUR (A)
ISBN 978-3-938100-80-6

Rauchzeichen Das Spiel mit dem Feuer.
Grillen, kochen, räuchern.
29,95 EUR (D), 30,80 EUR (A)
ISBN 978-3-95453-018-2